KB235940

자녀의 반란을 잠재우고 평화협정 맺기

1318 청소년심리

글 · 조아미

INNER BOOKS
이·너·북·스

이 책의 원고는 비교적 쉽게 쓸 수 있었다. 그것은 이 책에서 다룬 내용들이 지난 15년간 내가 연구하고 가르치면서, 그리고 실제로 아이를 키우며 고민했던 주제였기 때문이다. 이 책의 내용은, 청소년 전문가인 엄마가 비록 하나밖에 없기는 하지만 현재 16세 내지 18세인 청소년 자녀를 키우면서 경험했던 것이다. 왜 하나밖에 없는 자녀의 나이가 16세 내지 18세인가 하면 우리 아이는 때에 따라 자신의 나이를 다르게 말하기 때문이다. 어리광을 부리거나 뭔가 필요한 것이 있으면 자기는 아직 16살(만 나이)밖에 안 됐다고 우긴다. 그러니 부모가 자신의 요구를 들어주어야 한다는 것이다. 반면 부모의 잔소리가 귀찮아지거나 자신이 대접받지 못한다고 생각되면 그때는 18세(한국 나이)가 된다. 이제 다 컸으니 그만 참견하라면서 자기도 이제 성인이라고 말한다.

글은 참 쉽게 빨리 썼는데 막상 책을 내려고 하니 걱정이 앞섰다. 가장 큰 걱정은 이 책에서 우리 아이의 사생활이 너무 많이 드러났다는 것이었다. 그렇지 않아도 우리 아이가 언제부터인가 "엄마, 어디 가서 내 얘기 안 하지?"라고 하면서 자신이 엄마가 키우는 실험실의 모르모트가 되기를 질색한다는 사실을 잘 알고 있는 터라 자칫 잘못하면 사춘기의 예민한 마음에 상처를 줄 수 있기 때문이었다. 또 "그렇게 잘 아는 사람이 왜 아이를 힘들게 했어?"라는 질책이 나한테 쏟아질 것만 같아서 많이 망설였다.

탈고한 지 1년 정도가 지나서야 나름대로 이 문제를 해결했다. 우리 아이와 관련된 것은 아이에게 직접 원고를 읽어 보게 했다. 그러고 나서 이것을 책으로 출판해도 되겠느냐고 물었다. 예상과 달리 우리 아이는 흔쾌히 허락했다. 자기가 뭐 이런 것 가지고 화낼 줄 알았냐고 하면서 말이다. 물론 몇 군데는 수정을 요구해서 그대로 따랐고 책

출판에 따른 인세 중 얼마(?)를 나누기로 합의도 했다.

　다른 문제는 스스로를 설득했다. 아무리 전문가라 해도 이론과 실제는 다르지 않겠느냐고 말이다. 아이가 하나밖에 없어서 실수를 좀 하기는 했지만 나도 아이가 하나 더 있다면 이번에는 잘할 수 있을 것이라고 말이다. 사람들은 대체로 첫째 아이를 키울 때 시행착오를 겪게 마련이다. 그 시행착오를 바탕으로 둘째부터는 잘 키울 수 있게 된다. 또 이런 생각도 했다. 그래도 나는 이 분야에 대해 조금은 아니까 실수를 해도 금세 잘못을 깨닫지 않겠는가. 변명이 좀 궁색하기는 하지만 그렇게 나 자신과 타협했다. 이 책은 이런 과정을 거쳐서 세상에 나오게 되었다.

　이 책을 읽는 독자들에게 당부하고 싶은 말이 있다. 독자들은 청소년전문가인 엄마가 쓴 자녀교육서이니까 그 엄마가 어떻게 자녀를 잘 키웠는지에 대한 내용이 있을 것이라는 기대로 이 책을 읽으려 하는지도 모르겠다. 만일 그렇다면 이 책은 독자들의 기대를 저버릴 것이다. 이 책은 교육심리를 전공하고 청소년지도학과에서 청소년심리와 문제를 강의하지만 이론적으로만 준비되었던 엄마의 실수담이다. 아이가 하나밖에 없어서 큰아이한테는 미안했고 둘째부터는 잘 키울 수 있지만 그럴 기회가 없다고 우기는 조금은 뻔뻔한 엄마의 이야기다. 한때는 엄마의 입장에서만 아이를 대해서 아이가 상처받고 힘든 날을 보내게 했지만 지금은 개과천선한 엄마의 이야기다. 자녀를 명문고나 명문대학에 보냈다거나 세계적으로 유명한 자녀를 두어서 이렇게 하면 당신의 자녀도 성공할 수 있다고 말하는 것이 아니다. 다만 지금 한참 자라나고 있는 새싹의 엄마가, 앞으로 이 세상에 어떤 보배가 될지 현재로서는 알 수 없지만 꼭 이 세상의 등불이 될 무한한 가능성을 가진 새싹의 엄마가 들려주는 이야기다.

1

부모가 몰랐던 청소년 이야기

2

부모가
달라져야 아이들도 변한다

3

요즘
아이들 바로 알고
크게 키우기

부모가 몰랐던 청소년 이야기

1

요즘 청소년들은 평범한 것을 싫어한다.
그래서 옷도 특이한 것을 좋아한다.
그래야만 자신의 개성을 드러낼 수 있기 때문이다.

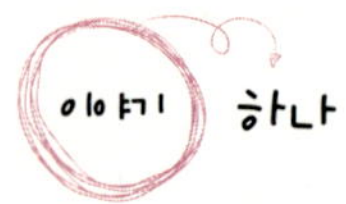

나는 누구인가?

청소년들이 유난히 자아정체감의 문제로 고통받는 이유는, 자아정체감으로 인한 갈등이 청소년기에 처음 나타나기 때문일 것이다. 자아정체감은 다른 사람과 자신이 다름을 인식하고 그 차별성을 발견하는 것이다. 즉, 차별성을 통해 자신의 정체성을 확립하는 것이다.

"엄마, 나는 정말이지 내가 누구인지 모르겠어. 나는 도대체 누굴까?"

딸아이가 중학교 3학년 때 했던 말이다. 그때 나는 그 말을 듣고 깜짝 놀랐다. 항상 어리기만 한 줄 알았는데 벌써 이런 고민을 하다니, 하고 생각했다. 하긴 중학교 3학년이니 벌써는 아니고 그럴 만한 때라는 생각이 들기는 한다. 딸아이가 중학교 3학년 때 했던, '나는 누구인가?' 에 대한 고민은 자신의 정체성에 대한 고민이다. 자신의 정체성은 '자아정체감' 이라고 한다. 이는 유명한 심리학자 에릭슨이 처음 사용한 말이다. 에릭슨은 인간의 전 생애를 8단계로 나누었는데, 그중 5번째 단계가 청소년기이다. 각 단계에는 그때마다 완수해야 하는 발달과업이라는 것이 있는데, 이 발달과업을 제대로 완수하면 다음 단계의 발달이 수월해진다. 그런데 청소년기 최대의 발달과업이 바로 자아정체감의 확립이다. 정체감의 요소에는 직업, 정치, 종교, 관계, 성적 취향, 성별, 민족, 성격, 신체 등이 포함되고 이것이 모여 자아정체감이 된다.

자아정체감은 그 말을 만들어 낸 에릭슨조차 단언하지 못한 아주 복잡하고 어려운 개념이다. 그렇게 복잡 미묘한 개념을 간단히 말하자면 진정한 '나를 찾아내는 일' 이라고 할 수 있다. 자아정체감을 획득했다는 것은 나 자신을 알게 되고, 나 자신이 된다는 것을 의미한다. 그래서인지 그리스 시대의 철학자인 소크라테스의 '너 자신을 알라' 는 말이 내 귀에는 자신의 정체성을 찾으라는 말로 들린다.

인간이 자아를 찾으려는 시도는 아마 청소년기에 처음 나타난다고 생각된다. 물론 자아정체감을 찾으려는 노력은 청소년기 이후에도 계속 나타날 수 있다. 다만 청소년들이 유난히 자아정체감의 문제로 고통받는 이유는, 자아정체감으로 인한 갈등이 청소년기에 처음 나타나기 때문일 것이다. 자아정체감은 다른 사람과 자신이 다름을 인식하고 그 차별성을 발견하는 것이다. 즉, 차별성을 통해 자신의 정체성을 확립하는 것이다. 이 자아정체감의 확립은 나만의 무엇인가를 찾으려는 노력을 통해서 이루어진다. 예를 들어, 사람들은 옷을 통하여 자신의 정체성을 드러내고자 한다. 누구에게나 자신의 옷 입는 스타일이 있게 마련인데, 그 스타일을 확립하는 것도 정체성을 찾는 하나의 방법이다. 많은 청소년들이 어렸을 때는 부모가 골라 주는 대로 옷을 입다가 사춘기가 되면서부터 자신이 원하는 옷만 고집하는 경우를 종종 볼 수 있다. 그것은 부모가 골라 준 옷들이 자신의 정체성을 제대로 드러내지 못한다고 생각하므로 자신이 직접 자신의 정체성에 맞는 옷을 고르고 싶기 때문에 나타나는 현상이다.

옷을 통해서 집단의 정체성도 나타낼 수 있다. 예를 들어, 월드컵 때 우리는 붉은 악마 티셔츠를 입음으로써 대한민국 국민임을 나타냈다. 학생들은 교복을 입음으로써 어느 학교 소속인지를 나타내고, 직장인들은 유니폼을 입음으로써 자신이 어느 분야에 종사하는 사람인지를 나타낸다. 그래서 의사들은 의사가운을 입고, 스튜어디스들도 유니폼을 입는다.

한편, 이메일 주소를 보면 상대방의 연령대를 대강 짐작할 수 있다. 만일 홍길동이라는 사람이 gdhong 내지는 honggd라고 아이디를 지었다면, 그는 영락없는 기성세대로 40대 이후일 가능성이 거의 100%이다. 가끔 30대도 이런 아이디를 쓰기는 하지만, 대부분의 2, 30대들은 이름을 가지고 아이디를 만드는 대신 우리가 알 만한 단어들로 자신의 아이디를 만드는 경향이 있다. 그 예로, daisy나 pinokio 등이 있다. 그러나 청소년들의 아이디는 무슨 뜻인지 짐작이 가지 않는 경우가 대부분이다. 아마 내가 그 내용을 잘 모르기 때문에 더 짐작하기 어려울 것이다. 이들의 아이디는 결국 그들의 정체성을 표현하는 것이다.

아이디 이외에, 요즘 청소년들이 자신의 정체성을 표현하는 것이 바로 아바타이다. 그런데 여기에서 나타나는 정체성은 자신의 실제 정체성이라기보다 아바타를 통해 자신이 되고 싶은 모습이라 할 수 있다. 과거에도 자신의 실제 정체성이 아니라, 되고 싶은 정체성을 표현할 수 있는 방법은 있었다. 가면을 쓴다든지 원하는 복장을 함으로써 말이다. 그 예로, 슈퍼맨처럼 힘센 사람이 되고 싶은 아이라면 슈퍼맨과 비슷한 망토를 걸치고 슈퍼맨처럼 행동함으로써 슈퍼맨이 되고자 하는 마음을 표현했을 것이다.

그런데 사이버공간은 인간에게 새로운 정체성을 부여한다. 사이버공간에서의 정체성은 바로 내가 원하는 내가 될 수 있다는 장점이 있다. 이것은 실제의 자신과 비슷할 수도 있지만 다를 수도 있다. 현실에서의 나는 매우 수줍은 사람이지만 사이버공간에서의 나는 용감하고 씩씩할 수 있다. 현실에서의 나는 못생기고 뚱뚱하지만 사이버공간에서의 나는 날씬한 미녀가 될 수도 있다. 이처럼 사이버공간에서의 정체성은 좋은 점도 있고 나쁜 점도 있다. 좋은 점은, 원하지만 현실에서는 불가능한 내가 될 수 있도록 해 준다는 점이다. 반면 현실에서의 나와 사이버공간에서의 나를 구별하지 못하고 혼란스러워하며 그로 인해 갈등을 겪게 된다면 이는 나쁜 점으로 볼 수 있다.

다시 현실에서의 자아정체감으로 돌아와 보자. 심리학자인 마시아는 자아정체감의 지위를 정체감 성취, 정체감 유예, 정체감 유실, 정체감 혼미로 나누었다. 이 4가지 지위는 위기(혹은 탐색)와 헌신에 의해서 결정된다. 위기는 청소년들이 정체감과 관련해서 탐색 내지는 고민을 해 보았는가 하는 것이고, 헌신은 청소년이 자신의 정체감에 대한 확신 내지는 결정을 했는가 하는 것이다. 정체감 성취는 위기를 경험하고 헌신을 한 경우에 해당한다. 정체감 유예는 위기를 경험하고 있는 중이지만 헌신을 하지는 못한 경우이고, 정체감 유실은 그 반대로 위기를 경험하지는 않았지만 헌신을 한 경우이다. 정체감 혼미는 위기와 헌신을 모두 경험하지 않은 경우이다.

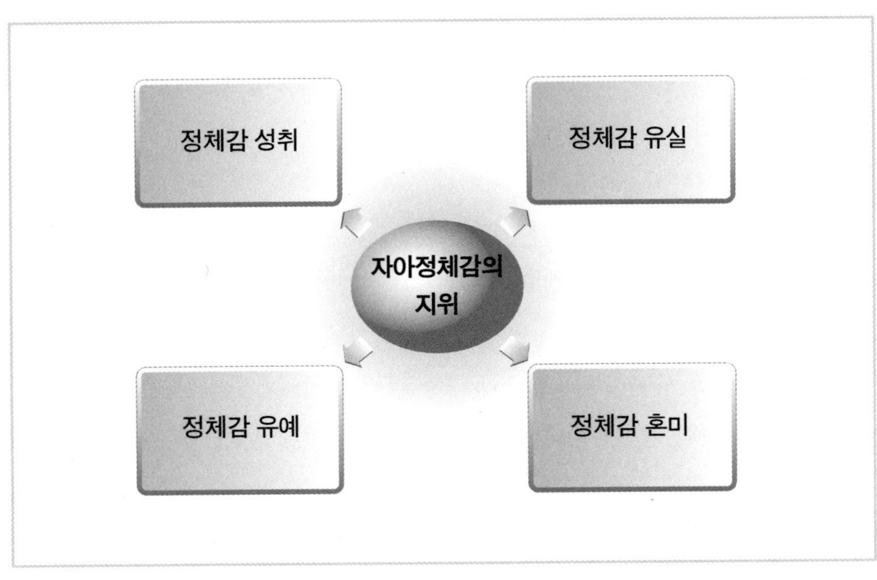

청소년기 초기에 정체감을 성취하는 청소년은 많지 않을 것이다. 정체감 유예의 상태인 청소년은 자신이 어떤 사람인가에 대해 고민 중이지만 결론은 내리지 못하고 있는 상태이다. 진로 결정 문제를 예로 들어 설명하면, 정체감 유예의 청소년은 어느 대학 어느 학과를 갈 것인지 고민하고는 있지만 아직 탐색 중이고 결정은 하지 않은 상태이다. 정체감 유실의 청소년은 진학할 대학과 학과는 정했지만, 그 결정은 자신이 스스로 탐색해서 얻은 결과가 아니라 부모나 교사 등의 권유를 그대로 받아들인 결과이다. 정체감 혼미의 청소년은 자신이 어느 대학 어느 학과에 진학할 것인지 탐색하지도 않고 결정도 하지 않은 채 아무 생각이 없다.

우리나라에서 특히 문제가 되는 것은 정체감 유실의 유형이라고 본다. 왜냐하면 이 유형의 청소년은 자신이 원하는 것을 스스로 찾지 않고 부모 등 주위의 의견을 그냥 수용하기 때문이다. 마마보이라는 말이 있는데, 바로 이들이 정체감 유실의 대표적인 예이다. 이들의 문제는, 자신이 신중하게 고민하고 탐색해서 결정한 것이 아니기 때문에 어려움이 생기면 쉽게 포기한다는 점이다. 부모의 권유만으로 의과대학에 진학한 청소년의 경우, 학과공부가 어려우면 쉽게 전과를 고려할 것이다. 그러나 의과대학에 진학할 것에 대해 여러모로 생각해 보고 스스로 결정을 내린 청소년이라면 아무리 학과 공부가 어렵다고 해도 쉽게 전과를 고려하지는 않을 것이다.

조기유학의 경우에도, 부모의 뜻대로 보내지 말고 자녀가 스스로 원할 때 보내야 실패하지 않는다는 말이 많이 들린다. 결국 부모의 뜻에 의해서만 자녀를 유학 보내는 일은 자녀가 정체감 유실의 상태라는 것이다. 이 경우 자녀들은 타국에서 공부할 때 경험할 수 있는 어려움들을 직면하게 되면 쉽게 포기할 가능성이 많아서 유학에 실패할 가능성 또한 높다. 하지만 자녀가 원하여 유학을 결정한 경우라면, 그것은 정체감 성취의 상태를 의미한다. 이 경우에는 자녀가 유학 가서 경험할 수 있는 어려움 등에 대해 사전에 깊이 탐색했을 것이므로 유학 시 경험하는 어려움을 잘 헤쳐 나갈 수 있고, 결국 성공적으로 유학을 마칠 가능성이 높다고 할 수 있다.

우리 아이는 조숙아일까, 만숙아일까?

부모의 입장에서 볼 때, 조숙아가 더 나을까 아니면 만숙아가 더 나을까? 청소년의 입장에서는 어떨까? 청소년의 성숙시기에 대해서는 두 가지 가설이 있다. 하나는 성숙일탈가설이고 다른 하나는 조기성숙가설이다.

아이를 키우다 보면 부모들이 공통적으로 한 번은 고민해 보는 것이 아이의 성장속도이다. 이 정도면 평균적으로 성장하는 것인지, 아니면 늦은 편인지 이른 편인지, 부모는 궁금하기만 하다. 아이들이 성장하는 속도에도 개인차가 있어서 빨리 성숙하는 아이가 있는가 하면, 늦게 성숙하는 아이도 있다. 물론 이것이 나중에는 큰 문제가 되지 않지만, 한창 성장하는 청소년기에는 상당히 심각한 문제가 될 수도 있다. 조숙아는 대개 성장속도가 빠른 상위 20%를 의미하고, 만숙아는 성장속도가 늦은 하위 20%에 속하는 아이들을 말한다.

성장속도가 정상범위에 있는 것이 가장 바람직하겠지만 부모의 입장에서 볼 때, 조숙아가 더 나을까 아니면 만숙아가 더 나을까? 청소년의 입장에서는 어떨까? 청소년의 성숙시기에 대해서는 두 가지 가설이 있다. 하나는 성숙일탈가설이고 다른 하나는 조기성숙가설이다.

성숙일탈가설은 발달이 또래보다 늦거나 빠른 청소년들이 스트레스를 많이 경험한다는 가설이다. 빨리 성숙하는 조숙아들은 자신이 다른 또래보다 먼저 신체적으로 성숙한 것에 대해 부담감을 느끼게 되는데, 그들이 자신을 친구로 받아들이지 않을 것 같아서 스트레스를 받는다. 이에 반해 늦게 성숙하는 만숙아들은 친구들이 자신을 친구가 아닌 어린아이 취급을 하고 놀릴까봐 걱정이 많다는 것이다.

조기성숙가설에서는 조숙아의 경우 일찍 성숙하게 되면 아동기가 짧아져서 아동기의 즐거움을 제대로 느끼지 못한다는 데 문제가 있다고 한다. 또한 신체적으로는 성숙했지만 심리적으로나 인지적으로는 아직 성숙하지 못했음에도, 가정이나 사회에서는 성인과 같은 행동에 대한 기대가 높아서 갈등을 겪을 수 있다. 성숙일탈가설이나 조기성숙가설에서 나타나는 공통점은 신체적 성숙이 빠른 조숙아들이 스트레스를 많이 받고, 술 마시기, 담배 피우기 등의 지위비행을 할 확률이 높다는 점이다.

　한편, 흥미로운 사실은 성숙시기가 남자 청소년과 여자 청소년에게 다르게 영향을 미친다는 것이다. 남자 청소년의 경우 조숙아는 운동을 잘할 가능성이 높은데, 이는 일찍 성숙하여 심장과 폐의 능력이나 체력이 뛰어나기 때문이다. 남자 청소년들 사이에서 운동을 잘한다는 것은 인기의 비결이 된다. 친구들 사이에서 인기가 있다는 것은 그만큼 그 청소년에게 자신감을 불어넣어 줄 수 있다. 〈말죽거리 잔혹사〉라는 영화에서 보면, 전학 간 주인공이 농구를 잘해서 쉽게 친구를 사귀는 장면이 나온다. 그만큼 운동능력이 좋으면 남자 청소년들 사이에서 친구를 사귀는 데 유리하다.

　조숙한 남자 청소년은 동성 친구를 사귀는 데만 유리한 것이 아니라 이성 친구를 사귀는 데도 좋은 위치에 있다. 왜냐하면 신체발달의 시기를 평균적으로 볼 때 남자가 여자보다 2년 정도 늦기 때문이다. 같은 나이라면 여자가 남자보다 신체적으로 더 발달했을 것이므로, 비슷한 또래의 여자 친구를 사귀려면 남자 청소년의 입장에서는 조숙아가 되어야 한다는 말이 된다. 여자 청소년들이 학창 시절에 교사나 자기보다 나이 많은 남자를 좋아하는 일이 많은 이유는 또래의 남자 청소년들이 아직 신체적으로 성장하는 속도가 늦기 때문이다. 요즘 청소년들 사이에서는 이성 친구가 필수인 점을 감안할 때, 남자 청소년들의 입장에서는 조숙한 것이 좋을 수 있다.

　그러나 조숙하다는 것이 반드시 남자 청소년들에게 긍정적으로만 작용하지는 않는다. 가장 큰 문제는, 조숙한 남자 청소년들이 공부에는 관심을 두지 않고 스포츠에 관심을 가지며 장래를 결정하려는 경향이 있는데, 이것은 자신의 잠재성을 제한하는 것이어서 우려할 만한 일이라 할 수 있다. 또한 술이나 담배를 또래보다 일찍 접하게 되고, 성적 접촉도 빨라지고 많아지며 다른 비행도 할 가능성이 높다. 로빈 윌리엄스가 주연한 〈잭(Jack)〉이라는 영화가 있다. 주인공 잭은 10살이지만 겉으로는 40살처럼 보인다. 그는 친구가 없었는데, 어느 날 동네에서 또래친구들을 사귀게 된다. 잭이 또래들과 잘 지낼 수 있었던 것은, 또래친구들이 원하지만 할 수 없는 일들, 즉 담배를 산다거나 포르노 잡지를 살 수 있기 때문이었다. 이 영화에서 나타나는 것처럼 일찍 신체적으로 성숙하면 지위비행이 쉬워짐을 알 수 있다.

　한편, 여자 청소년은 남자 청소년과 달리 조숙해서 유리한 점이 거의 없다. 운동을 잘한다고 해서 친구관계가 좋은 것이 아니기 때문이다. 여자 청소년들 사이에서 인기가 있는 청소년은 성격이 좋은 친구이지 운동을 잘하는 친구가 아니다. 이 점이 남자 청소년과는 다르다. 이성 친구도 마찬가지다. 남자 청소년이 운동을 잘하면 여자 청소년에게 매력이 있어 보이지만, 여자 청소년이 운동을 잘한다고 해서 남자 청소년에게 주목을 받지는 않는다. 주위를 아무리 둘러봐도 자기 여자 친구가 태권도를 잘한다거나 배구를 잘해서 좋다는 남자는 없다. 하지만 남자 친구가 농구를 잘한다거나 권투를 잘해서 좋다는 여자는 무척 많다. 그래서 운동선수 부인들이 모두 미인인지도 모르겠다.

　조숙한 여자 청소년은 조숙한 남자 청소년과 마찬가지로 다양한 지위비행(음주, 비행, 성적 접촉 등)을 하고 부모에게 반항하는 등 행동상의 문제를 많이 일으킬 가능성이 높다. 이들은 학업을 중단할 가능성이 높다. 뿐만 아니라 조숙한 남자 청소년과 달리 신체상이 부정적이다. 왜냐하면 조숙한 여자 청소년은 몸에 볼륨이 생기면서 키는 그리 크지 않은 것이 특징이기 때문이다. 반면 만숙

✚ 성숙일탈가설이나 조기성숙가설에서 나타나는 공통
점은 신체적 성숙이 빠른 조숙아들이 스트레스를 많이 받고,
술 마시기, 담배 피우기 등의 지위비행을 할 확률이 높다는
점이다.

한 여자 청소년은 키가 크고 날씬하다. 요즘처럼 키가 크고 날씬한 여자를 선호하는 시대에 조숙한 여자 청소년은 별로 환영받지 못하는 것이 사실이다. 그러니 자연히 자신의 신체에 대해서 부정적일 수밖에 없다.

하지만 만숙한 청소년들은 어떨까? 남녀를 불문하고 자기가 다른 청소년처럼 성장하지 못할까 봐 걱정이 많다. 물론 그 걱정이 현실이 될 가능성은 적지만 그 당시에는 상당히 심각하게 고민한다. 또래 친구들한테 어리다고 놀림을 당하거나 따돌림을 당하는 것도 참기 어렵다.

부모는 개인에 따라 성숙시기의 차이가 있음을 인식하고, 그에 따라 청소년들이 가지는 고민을 이해할 필요가 있다. 만숙청소년인 경우, 부모 자신이나 주위의 예를 들어 자녀를 위로하면 좋을 것이다. 예를 들어, 엄마친구 중에는 고등학교 2학년이 되도록 생리를 하지 않았던 친구가 있었는데, 그 친구는 그때 그 문제 때문에 엄청 고민을 했고 자신은 결혼도 못할 것이라고 생각했지만, 지금은 두 아이의 엄마가 되었다고 말이다. 조숙한 청소년에게는, 술이나 담배 등의 약물사용이나 이성과의 성적 접촉에 관심을 가지는 대신 자신의 진로에 대해 진지하게 생각해 보도록 권유하는 것도 좋다.

전 세상에서 가장 특별한 사람이에요

청소년들은 자신이 다른 사람과 비슷하다는 것을 정말 참을 수 없다. 자기는 남다르고 특별하다고 한다. 그러면서도 그들에게 무엇이 다르냐고 물어보면 대답을 잘 하지 못한다. 그저 막연히 자신이 다른 사람들과 다른 존재라고 인식하는 것 같다.

청소년기는 인지능력이 질적으로 변화하는 시기다. 예를 들어, 아동기의 아이들은 추상적인 개념에 대해 이해하기도 힘들고 관심도 많지 않다. 그러나 청소년들은 추상적인 사실에 대해 관심을 가지게 되는데, 예를 들어 종교나 아름다움 등과 같은 추상적인 개념에 대해서도 이해가 가능하게 된다. 이와 같은 새로운 인지능력이 안정적이 되기 전 과도기적 현상으로, 청소년기의 자아중심성이 등장한다. 자아중심성은 두 가지가 있다. 하나는 피아제의 인지발달 4단계 중 2번째 단계인 전조작기에 나타나는 자아중심성이다. 다른 하나는 청소년기가 되면서 나타나는 자아중심성으로, 전조작기에 나타나는 자아중심성과 구별하기 위해 청소년기의 자아중심성이라고 한다. 이것은 피아제의 인지발달 4단계 중 마지막 단계인 형식적 조작기에 나타난다.

전조작기의 자아중심성은 연령적으로는 2~7세 정도에 나타나는데, 이 시기의 아동들은 자신의 입장에서 세상을 바라본다. 다른 사람의 입장에서 보면 사물이 다르게 보일 수 있다는 것을 아직 알지 못하므로, 선생님이 학생들을 마주 보며 "오른손을 높이 들어 보자."라고 하면서 오른손을 들면 학생들은 왼손을 든다. 그래서 유치원 선생님들은 이때 왼손을 든다. 그래야만 아이들이 선생님이 의도하는 대로 오른손을 들기 때문이다. 선생님이 오른손을 들어 아이의 입장에서 보면 왼손을 든 것 같은데도 아이가 오른손을 든다면, 그 아이는 매우 영리하거나 아무 생각 없이 오른손을 들었거나, 이 둘 중 하나일 것이다.

청소년기의 자아중심성은 12세 이후인 형식적 조작기에 나타나는 것으로, 형식적 조작기의 청소년들은 다른 사람의 생각이나 관점을 추론할 수는 있지만 이들이 가지고 있는 특성인 자기몰두로 인해 잘못 가정하게 되어 청소년기의 자아중심성이 나타난다. 그래서 다른 사람은 자신에게 전혀 관심이 없는데도 상상 속으로 청중까지 만들어 사람들이 자기에게 관심이 많다는 생각을 하거나 (상상 속의 청중), 자기가 많은 사람에게 관심의 대상이 되므로 자기는 보통 사람과 다르다고 생각한다. 보통 사람과는 다르기 때문에 어떤 사건을 자신에게 적용시킬 때 세상에 존재하는 일반적인 확률을 무시하거나 왜곡한다(개인적 우화).

원래 청소년기의 자아중심성은 11세 무렵부터 나타나기 시작해서 15세에 정점을 이루다가 서서히 감소한다. 즉, 초등학교 5학년 정도부터 시작되고 중학교 3학년경 최고에 이른다는 것이다. 그런데 우리나라의 경우 중·고등학교 시절이 외국과 달라 입시공부 때문에 모든 것이 억압된 경향이 있어서, 청소년의 자아중심성이 대학교 때까지도 많이 나타난다는 특징이 있다.

상상 속의 청중과 개인적 우화가 청소년에게 미치는 영향을 살펴보자. 우선 상상 속의 청중에 대해 살펴보면, 청소년들은 상상 속 청중의 영향으로 남들보다 튀어 보이고 싶어 한다. 이런 청소년들은 다른 사람과 달라 보이고 싶어 하므로, 교복을 싫어하는 것이 너무나 당연하다. 자신만의 개성을 나타낼 수 없는 똑같은 스타일의 머리 모양도 질색할 수밖에 없다. 청소년들은 과거부터 이것을 피하기 위해 교복을 변형시켜 입었다. 예전에는 교복을 줄여서 입는 것이 지금보다는 얌전한 편이었고 소수의 청소년들만 그렇게 하고 다녔지만, 이제는 많은 청소년들이 과감하게 교복을 변형시켜 입고 다닌다. 얼마 전 유행했던 배꼽티도 튀고 싶어 하는 청소년의 심리를 잘 보여 준다. 청소년들이 머리카락을 염색하는 것도 마찬가지 이유에서다. 단일민족이다 보니 머리색깔이 정도에 따라 조금씩은 차이가 있지만 검은색 일색이다. 자신의 머리카락 색깔도 검은색인데 다른 사람들도 마찬가지다. 자기는 다른 사람과 다른 것 같은데 머리카락 색이 같으니 싫다고 느낄 수밖에 없다.

　　요즘 청소년들은 평범한 것을 싫어한다. 그래서 옷도 특이한 것을 좋아한다. 그래야만 자신의 개성을 드러낼 수 있기 때문이다. 특이한 옷 스타일 중 청소년들이 좋아하는 것으로 고스(Goth) 스타일이 있다. 고스문화는 옛 중세 고딕양식과 죽음과 어둠을 지향하는 문화이다. 옷 색깔은 검은색이 대세이고 스타일도 부모의 입장에서 보면 옷이라 보기 힘들 정도이며, 게다가 잔혹한 문양이 등장하기도 한다. 자녀가 고스스타일에 빠진다면 부모의 입장에서는 정말 최악이라고 하고 싶다.

　　코스프레라는 말도 한 번쯤 들어 보았을 것이다. 몇 년 전만 해도 매우 생소한 단어였지만 이제는 많이 대중화되었다. '코스프레'는 '코스튬 플레이'가 합쳐진 말로 처음에는 만화주인공을 코스프레 하는 경우가 대부분이었지만 요즘은 그 범위가 확장되고 있다. 인터넷에서 코스프레라는 검색어를 치면, 코스프레용 의상과 액세서리를 구입하는 사이트에서부터 어디서 코스프레를 하면 좋은지에 대한 정보까지 다양한 내용들이 쏟아진다. 청소년들이 코스프레를 하는 이유는 자신이 코스프레를 한 인물과 동일시하고 싶어서일 것이다. 코스프레를 한 인물은 실존인물이 아니거나 유일무이한 인물이므로, 코스프레를 통해 자신은 매우 특별한 사람이 될 수 있다. 이런 연유로 청소년들이 코스프레에 열광하는 게 아닌가 싶다.

　　청소년들은 자신이 다른 사람과 비슷하다는 것을 정말 참을 수 없다. 자기는 남다르고 특별하다고 한다. 그러면서도 그들에게 무엇이 다르냐고 물어보면 대답을 잘 하지 못한다. 그저 막연히 자신이 다른 사람들과 다른 존재라고 인식하는 것 같다. 자신의 특별함을 옷차림이나 머리모양 등 밖으로 드러나는 것으로 표현하고자 한다. 그래서인지 요즘 청소년들은 유명 브랜드의 옷을 선호하지 않는다고 한다. 웬만한 사람은 입을 수 없는 명품이어서 희소성이 있거나 아니면 특별한 옷을 파는 상점을 선호한다고 한다. 이것을 보면 명품이 청소년들에게까지 인기가 있는 이유를 알 것도 같다.

청소년들을 보면서 또 하나 궁금한 것은 왜 그렇게 무모한 행동을 하는가이다. 어떤 경우에는 청소년들이 하는 행동들이 매우 위험해 보이기까지 한다. 그에 대한 해답은 개인적 우화에서 찾을 수 있을 것이다. 자신은 특별하다고 생각하기 때문에 이 세상에서 보편적으로 일어나는 현상에 대해서도 자신이 원하지 않으면 일어나지 않을 것이라고 왜곡하게 된다. 그래서 극단적으로는 'I'll never die', 즉 'indestructibility'를 믿게 된다. 그러니 부모의 눈에 무모하거나 위험하게 보이는 행동을 서슴없이 하는 것이다. 미혼모, 약물중독, 폭주족 등 여러 청소년의 위험행동들이 개인적 우화로 설명될 수 있다. 미혼모가 되는 이유는, 자신이 원하지 않으면 성관계를 가져도 임신하지 않을 것이라 생각하기 때문이고, 이와 마찬가지로 다른 사람은 약물을 사용하면 중독이 되어도 자신은 아니라고 믿기 때문에 약물을 사용한 결과 약물중독이 되는 것이다.

이와 같은 청소년기의 자아중심성은 연령이 증가하면서 감소하게 된다. 현저하게 사라지기는 하지만 완전히 없어지지는 않을 수도 있다. 왜냐하면 성인들의 경우에도 가끔씩 자기가 다른 사람의 관심의 대상이 된다고 생각한다거나 특별하다고 생각하기 때문이다. 물론 성인의 경우 청소년들처럼 심하지는 않다. 청소년기의 자아중심성이 감소하는 이유 중 하나는 다른 사람과의 친밀한 관계를 통해서이다. 여기에서 다른 사람은 친구일 수도 있고 부모일 수도 있고 친척이나 교사일 수도 있다. 다른 사람과의 친밀감을 통해, 청소년들은 자기의 생각이나 느낌이 매우 특별하고 대단한 것이 아니었음을 깨닫게 된다. 자기가 생각

한 것을 친구도 생각하고 있고, 자기가 느낀 것을 부모도 이해하고 느낀다는 사
실을 알게 되면서 청소년기의 자아중심성은 감소하게 된다.

이야기 넷

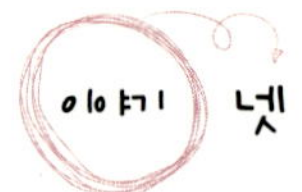

얼짱, 몸짱이 최고야

청소년들이 외모나 몸매에 대해 관심을 가지는 이유는 무엇일까? 여러 이유 중 두 가지가 제일 먼저 생각난다. 하나는 사춘기의 신체변화와 관련되는 것이고, 다른 하나는 대중매체의 영향이다.

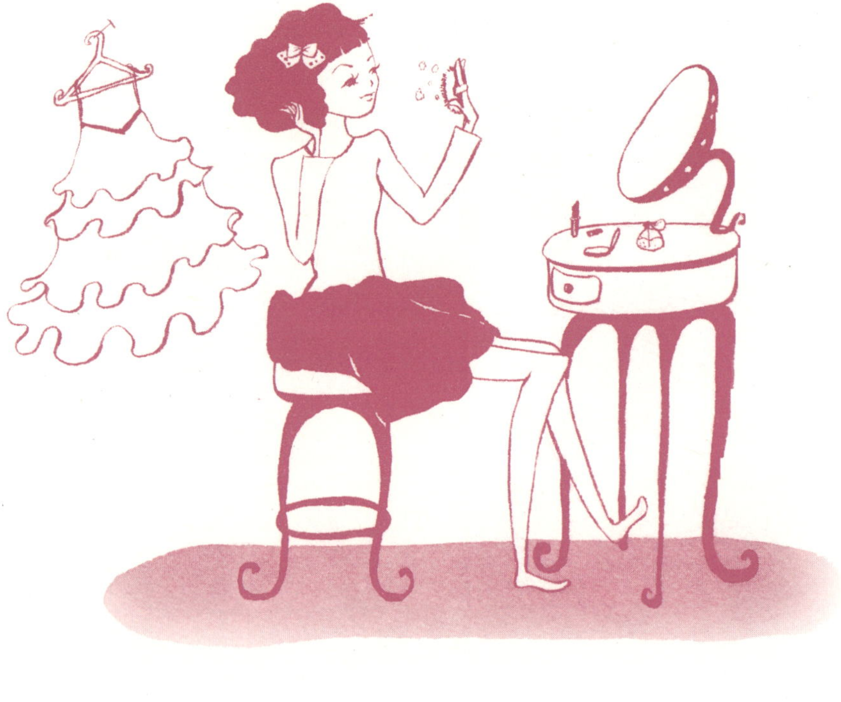

요즘 우리 주위에는 온통 성형수술이나 살 빼는 얘기뿐이다. 재미있는 사실은, 성형수술로 예뻐진 것에 대해서는 부정적이면서 자신도 그 대열에 합류하고 싶어 한다는 것이다. 얼마 전 신문에 「대입 합격생들 겨울나기 두 모습」[1]이라는 제목으로 난 기사가 있었는데, 한 부류의 합격생은 너도나도 성형수술을 하고, 다른 부류의 합격생은 등록금을 마련하기 위해 아르바이트로 구슬땀을 흘린다는 것이었다. 성형수술을 택하는 집단은 외모에 대한 콤플렉스가 커서 대학교에 입학하기 전에 성형수술로 외모를 바꿔 보겠다는 것이다. 기사에 나온 한 여학생은 지난 10월부터 3개월간 2,400만원을 들여 눈, 코, 가슴 수술과 지방흡입술까지 받았다고 했다.

다국적 생활용품회사인 유니레버사의 연구에 의하면, 한국의 10대 소녀 중 77%는 자신의 모습을 싫어하는 것으로 나타났다.[2] 이것은 필리핀, 베트남, 태국, 인도, 홍콩 등 아시아 9개국 중에서 외모 불만족으로는 1위를 나타내는 결과이다. 한국의 10대 소녀는 자신의 모습이 싫을 뿐만 아니라, 외모에 만족하지 못해 성형수술을 하겠다는 응답률도 아시아 9개국 중 최고였다.

우리나라 청소년의 외모에 대한 불만은 얼마 전 신문에 난 「여고생 딸이 눈물을 흘리는 이유」라는 글에서도 잘 나타나고 있다. 그것은 글을 쓴 작가의 선배 딸의 이야기였다. 그 선배는 서울 강남의 중산층 아파트에 사는데, 공부를 잘해 외고에 진학한 딸이 진학 후 1년 뒤 수척해지고 매사 의욕을 상실한 것이 걱정되어 딸과 허심탄회하게 이야기를 나눴다고 한다. 딸은 망설이다가 자기가 머리가 나쁜 것 같아 속이 상하다고 말했다고 한다. 아무리 공부해도 성적이 오르지 않는다고 말이다. 그 말에 그 선배는 딸이 다니는 학교가 외고이다 보니 다른 학생들

1 조선일보(2007. 1. 24), 대입 합격생들 겨울나기 두 모습
2 동아일보(2006. 10. 9), 한국 10대 소녀 77% 내 모습 싫어!

도 공부를 잘하고 또 열심히 해서 그런 것이라면서 걱정 말라고 했다고 한다. 다음으로 그 딸이 우리 집은 왜 그렇게 가난하냐고 하자, 선배는 워낙 주위에 부잣집 아이들이 많아서 한참 예민한 사춘기의 딸이 주눅 들었을 수도 있겠다고 생각하여 위로해 주었다고 한다. 그러나 딸이 "아빠, 그런데 공부 잘하는 부잣집 아이들이 얼굴과 몸매가 예쁘고 남자 친구도 많은 것은 정말 어찌해 볼 도리가 없어요. 너무 불공평한 것 같아요. 정말 속상하고 자존심이 상해요."[3]라고 했을 때는 할 말이 없었다고 한다. 결국 그 아빠는 딸이 원하는 대학에 들어가면 '적절한 범위(?)' 내에서 성형수술을 해 주겠다고 약속했고, 그제야 딸은 미소를 지었다고 한다.

옛날에도 여자는 얼굴 예쁜 것을 최고로 여겼다. 그러던 것이 지금은 얼굴뿐만 아니라 몸매도 중요하게 되었다. 과거와 달라진 점은, 주로 여자에게 중요시되던 얼굴과 몸매가 남자에게도 마찬가지로 중요시된다는 것이다. 요즘 외모에 관심을 가지는 남자를 보는 것은 흔한 일이다. 피부관리도 받고 필요하면 성형도 한다. 과거에는 인기 있는 남자의 유형이 터프가이였는데, 이제는 꽃미남이다. 10대 청소년만 외모나 몸매에 관심이 있는 줄 알았는데, 중년 남녀들도 외모나 몸매에 대한 관심이 대단하다. 한마디로 외모가 남녀노소 모두에게 관심의 대상이 되고 있으니, 대한민국을 가히 외모지상국가라 해도 과언이 아닐 지경이다.

청소년들이 외모나 몸매에 대해 관심을 가지는 이유는 무엇일까? 여러 이유 중 두 가지가 제일 먼저 생각난다. 하나는 사춘기의 신체변화와 관련되는 것이고, 다른 하나는 대중매체의 영향이다. 사춘기가 되면 남녀 청소년의 신체에 변화가 온다. 여자 청소년들은 키가 얼마나 클지, 가슴이 클지, 지금 찐 살이 빠

질지 등에 대해 고민이 된다. 과거에는 여자 청소년들이 키가 컸으면 좋겠다든지 가슴이 컸으면 좋겠다든지 하는 생각을 많이 하지 않았으나, 요즘은 남자뿐만 아니라 여자도 큰 키를 원한다. 사춘기 때는 가장 왕성하게 성장하는 시기이므로 많은 양의 음식을 섭취하는데 그 과정에서 체형이 통통해질 가능성이 있다. 이것도 고민의 대상이 된다. 또한 청소년기에는 여드름이 많이 나는데, 피부가 깨끗하지 않으면 예뻐 보이지 않으므로 청소년들이 외모나 몸매에 대해 관심을 가질 수밖에 없다.

또 다른 이유는 대중매체의 영향이다. 대중매체는 바로 사회의 전반적인 분위기에 영향을 미친다. 과거부터 지금까지 드라마 속의 여주인공은 대개 외모가 뛰어나고 착한 대신 능력은 별로 없었다. 심하면 외모까지도 평범하다(개인적인 의견이 아니고 드라마에서 그렇게 그려졌었다). 몇 해 전 유행했던 〈파리의 연인〉에 나오는 여주인공이 대표적이다. 그 여주인공은 외모도 평범하고 능력도 없고 가진 것도 없지만 괜찮은 남자를 만나 신데렐라가 된다. 참 신기한 것은 드라마에서 삼각관계일 때 경쟁상대인 여자들은 대부분 집안이 좋고 능력도 있게 그려진다는 점이다. 그럼에도 남자 주인공은 능력 없고, 가진 게 아무것도 없지만 예쁜 여자 주인공을 선택한다. 드라마 〈열아홉 순정〉이 대표적이다. 그러니 여자 청소년들이 예뻐지려고 하는 것은 당연한 일이 아닌가 싶다.

남자 주인공의 경우, 과거에는 외모가 논의의 대상이 아니었고 대신 뛰어난 능력의 소유자가 대부분이었다. 하지만 요즘 남자 주인공은 대부분 모든 것을 다 갖춘 사람이 많다. 외모가 뛰어나고, 성격 좋고, 집안 좋고, 능력도 뛰어나다. 게다가 순정파이기까지 하다. 뭐 하나 흠잡을 곳이 없다. 이런 남자 주인공의 등장은 아마도 드라마 '천국의 계단'에 나오는 권상우부터가 아닌가 싶다.

그러니 남자 청소년들도 예쁜 여자와 사귀려면 자신을 가꿀 수밖에 없지 않은가. 이런 현상은 전 세계적으로 공통적인 것 같다. 영화로도 유명한, 소설 『악마는 프라다를 입는다』에 나오는 뉴욕의 멋쟁이들은 4사이즈를 입는다. 우리나라로 치면 44사이즈이니 엄청 날씬한 몸매이다.

　　대중매체에서 보여 주는 사람들의 외모와 몸매를 따라 하다 보면 부작용이 따르기 마련이다. 그 부작용으로는 성형중독, 섭식장애, 건강악화, 스트레스 등이 있을 수 있다. 성형중독의 폐해는 '선풍기 아줌마'를 통해서 경각심을 일으키기 충분할 정도로 드러났다. 몸매관리를 하기 위해 무리한 다이어트로 건강을 해치는 사람도 많고, 이에 대한 스트레스가 심할 수도 있다. 섭식장애는 좀 생소한 말일 수 있는데, 이것은 체중과 외모에 대한 비정상적인 태도 때문에 섭식에 문제가 있는 것을 의미한다. 섭식장애에는 음식섭취를 거부하는 신경성 식욕부진증과 폭식을 하고 강박적으로 음식을 배설하는 폭식증이 있다.

브라질의 한 패션모델은 170cm의 키에 46kg의 몸무게였는데 체중이 많이 나간다고 고민하여 설사약을 복용하거나 구토를 해서 살을 빼다가 결국 사망했다. 사망 당시 그 모델의 몸무게는 38kg이었다. 또 스페인의 한 모델은 패션쇼가 시작되기 2주 전부터 물만 먹었다가 결국 사망했다. 이것은 우리 사회가 여성에게 마른 몸매를 강요하기 때문에 나타난 현상으로 볼 수 있다. 다행스러운 것은 2007년 밀라노 패션쇼나 네덜란드계 소비자 제품 그룹인 유니레버에서 지나치게 마른 모델을 퇴출하기로 했다는 것이다. 스페인의 마드리드 시에서도 BMI[4]가 18 이하인 모델은 무대에 설 수 없게 했다.[5] 우리나라의 유명 패션디자이너인 앙드레 김도 너무 마른 모델은 쓰지 않겠다고 했다. 이런 움직임은 패션모델이 청소년에게 미치는 영향을 고려한 결과이다.

영화 〈미녀는 괴로워〉를 보면, "이 세상에 여자는 3종류가 있어. 예쁜 여자는 명품이고, 평범한 여자는 진품이고, 못생기고 뚱뚱한 여자는 반품이야."라는 대사가 있다. 이것은 우리 사회에서 왜 외모와 몸매 지상주의가 판을 치고 있는지를 잘 설명해 준다. 유행을 전혀 무시할 수는 없을 것이다. Beauty is but skin deep이므로, 성형 같은 것은 생각지도 말라고 하고 싶진 않다. 성형을 해도 좋고 살을 빼기 위해 노력해도 좋지만 한 가지만 명심하자. 왜 내가 그렇게 해야 하는지를 생각해 본 후 결정하자. 나를 위해서라면, 그렇게 해서 내가 자신감을 가지게 된다면 나쁘다고만 할 수는 없다. 하지만 누군가를 위해서나 선택받기 위해서 성형수술을 한다면 그건 정말 다시 생각해 볼 일이다. 왜냐하면 나는 그 누구보다 소중하기 때문이다.

---

4 BMI (Body Mass Index, 몸무게(kg)/키(m)²) 18은 160cm의 키라면 46kg이고, 170cm의 키라면 52kg이다.
5 동아일보(2006. 12. 24). 伊, 깡마르거나 16세 미만 "모델 No!"

이야기 다섯

청소년=외계인

요즘 자녀 세대가 일상적으로 쓰는 말 가운데 부모 세대가 모르는 말들이 너무 많다. …… '열공, 지대, 지름신, 불펌, 출첵, 도촬, 넷심, 므흣' 등이 있다. 재미있는 것은 처음에는 이 말들이 무슨 뜻인지 모르지만, 하나 둘 뜻을 알게 되면 나중에는 다른 말의 의미도 예측할 수 있다는 사실이다. 이것은 자녀 세대들이 나름대로의 공식에 의해 새로운 용어를 만들어 내기 때문이다.

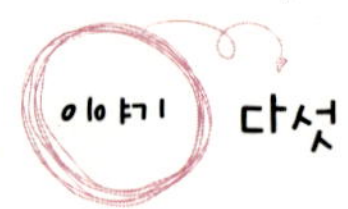

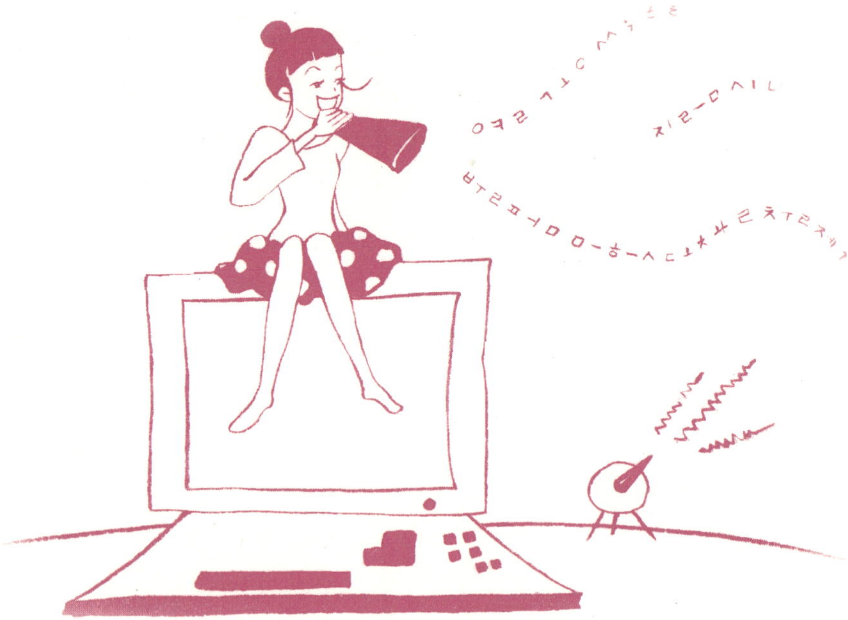

　　요즘 주위에서 자녀 키우기가 어렵다는 말을 쉽게 접할 수 있다. 자녀가 청소년인 경우 그 어려움은 더욱 크다. 도대체 왜 부모는 자녀 키우기가 어렵다고 하는가? 심지어는 교육전문가인 교사조차도 왜 자녀 때문에 눈물짓게 되는가? 그것은 부모가 청소년 자녀를 이해하지 못하기 때문이라고 생각한다. 부모가 청소년 자녀를 이해하지 못하게 만드는 이유 중 하나가 세대차이다. 세대 차이는 동서고금을 막론하고 존재해 왔다. 그런데 왜 새삼스럽게 요즘 자녀 키우기가 버겁다는 부모들이 많은 것인가? 그것은 지금의 세대 차이가 과거와는 질적인 면에서 다르기 때문이다.

　　세대 차이의 질적인 변화는 두 측면에서 찾아볼 수 있다. 하나는 과거의 농경사회 혹은 산업사회에서의 수직적 인간관계와 현재 지식기반사회에서의 수평적 인간관계와 관련이 있다. 즉, 부모 세대는 산업사회를 거쳐 지식기반사회에서 살고 있기 때문에 수평적 인간관계보다는 수직적 인간관계가 익숙한 반면, 자녀 세대는 지식기반사회에서 태어나 지금까지 살고 있기 때문에 과거의 수직적 인간관계는 경험해 보지도 않았고 알지도 못한다. 이들이 아는 것은 오직 수평적 인간관계이다. 서로 다른 인간관계에 익숙한 두 집단이 충돌하는 것은 어쩌면 아주 당연하게 보인다. 예를 들어, 청소년들은 자신의 인권에 대해서 민감하다. 자신은 이런저런 권리가 있다고 부모에게 당당하게 말한다. 그러면 부모는 어안이 벙벙할 뿐이다. 왜냐하면 자신은 자라면서 그런 생각을 해 본 적도 부모에게 말한 적도 없기 때문이다. 자신이 권리를 주장하는 대상이 아니라 존경과 봉양의 대상으로만 부모를 인식해 왔기 때문이다.

　　이런 현상은 가정보다 직장에서 더 먼저 나타났다. 부모 세대는 자신이 신입사원일 때 경험하지 못한 직장문화를 경험했을 것이다. 예를 들어, 직장상사가 퇴근하기 전에 퇴근하지 않는 것이 당연하던 문화로부터 직장상사의 퇴근과 상관없이 시간이 되면 퇴근하는 직장분위기의 변화를 몸소 체험했을 것이다. 이러한 경향이 이제 가정에도 들이닥친 것이다.

다른 하나는 사회의 급격한 변화이다. 부모 세대는 이러한 사회변화에 적응이 느린 반면, 자녀 세대는 사회변화를 주도해 나간다. 이러한 차이가 서로를 이해하기 어렵게 만드는데, 여기에서 중요한 역할을 하는 것이 인터넷이다. 부모 세대는 성인이 되어서 컴퓨터를 접하고 인터넷을 알게 됐다. 자녀 세대는 태어나면서 컴퓨터와 친구처럼 지냈고, 인터넷이 우리의 생활을 바꾸는 시대에 살고 있다. 그런데 인터넷 문화를 주도하는 것은 청소년이다. 그러다 보니 세대 간의 의사소통에 문제가 생기기 시작하고 급기야 의사소통의 단절에까지 이르게 되었다. 예를 들면, 〈투사부일체〉라는 영화에서 주인공이 학생들과 가까워지기 위해 도토리를 선물하는 장면이 나오는데, 그 주인공은 자신이 아는 진짜 도토리를 학생에게 주고 흐뭇해하고 그것을 받은 학생은 멍한 표정이 되는 모습을 볼 수 있었다. 전형적이지만 씁쓸한 세대 차이를 보여 주는 단면이라 하겠다.

우리나라가 세계적인 IT강국이 되면서 세대 차이의 간격은 더욱 벌어졌고, 그 결과 43개 산업국가 중에서 가장 세대 차이가 큰 나라라는 타이틀을 가지게 되었다. 이것은 현재 지구상의 어느 사회보다 우리 사회에서 나타나는 세대 차이가 가장 크다는 의미다. 그래서 혹자는 한국사회에서 한집안 안에 서로 다른 세대가 아니라 서로 다른 나라에서 온 사람들이 함께 살아가는 것 같다는 이야기도 한다.

한 오락프로그램에서 세대 공감이라는 코너가 인기를 얻었던 것은 그만큼 그 코너를 통해 세대 간의 이해를 도모했기 때문이 아닌가 한다. 이 프로그램은 제목처럼 말에 대한 세대 간의 이해를 통해 서로에 대한 이해를 높였다고 할 수 있다. 요즘 자녀 세대가 일상적으로 쓰는 말 가운데 부모 세대가 모르는 말들이 너무 많다. 이 프로그램에서 소개된 것만 해도 '열공, 지대, 지름신, 불펌, 출첵, 도촬, 넷심, 므훗' 등이 있다. 재미있는 것은 처음에는 이 말들이 무슨 뜻인지 모르지만, 하나 둘 뜻을 알게 되면 나중에는 다른 말의 의미도 예측할 수 있다는 사실이다. 이것은 자녀 세대들이 나름대로의 공식에 의해 새로운 용어를 만들어 내기 때문이다. 부모 세대는 이러한 공식을 꿰뚫어 볼 수 있어야 한다. 열공, 출첵, 도촬은 모두 약자로, 각각 열심히 공부한다, 출석 체크, 도둑촬영이라는 뜻이다. 물론 이런 말들 중 부모 세대가 아는 것도 있다. 그것은 대부분 청소년이 나오는 드라마 등의 대중매체 덕이거나 부모 세대가 엄청 노력한 결과이다. 한편 청소년들은 부모 세대가 대부분 아는 주전부리, 데면데면, 외탁, 모르쇠, 어깃장 등과 같은 말을 잘 모른다. 이러한 현상을 보면, 부모 세대와 자녀 세대는 서로 다른 언어를 쓰는 다른 나라 사람들인 것 같다. 서로의 언어를 모르는데 서로를 이해하기가 얼마나 힘들 것인가는 쉽게 짐작이 가는 부분이다.

일본의 유명한 애니메이션 〈공각기동대〉에서는 인간의 후손이 살아갈 세상은 기존 세대가 살아온 것과는 전혀 다른 미지의 영역이기 때문에 인간은 DNA를 통하여 최소한의 생존을 위한 정보를 전달한다는 대사가 있다고 한다. 이것은 지금 우리 사회에서 나타나는 세대 차이에 대한 시각 정립에 시사하는 바가 크다고 할 수 있다. 최근 10여 년 동안의 변화를 보면 앞으로 10년, 20년 후에는 어떤 세상이 올지 예측하기가 어렵다. 부모 세대는 과거처럼 자신의 자녀들이 미래 세상에서 생존할 수 있는 방법을 가르쳐 줄 수 없는 시대에 살고 있다. 부모 세대는 이 점을 분명하게 인지해야 한다. 이를 간과하고 부모 세대가 했던 대로 세상을 살아가라고 강요하는 것은 자녀 세대에게는 재앙일 수 있다.

과거 부모 세대에도 학교에서의 우등생이 사회의 열등생이라는 말이 있었다. 이는 학교에서 요구하는 것과 사회에서 요구하는 것이 다를 수 있음을 보여 주는 말이다. 어떤 사람은 학교나 사회에서 모두 잘 적응하기도 하고 어떤 사람은 어느 한 곳에서만 적응하기도 한다. 학교가 현재이고 사회를 미래라 생각하면 애니메이션 〈공각기동대〉의 대사가 주는 의미가 더 잘 이해될 것이다.

지금 청소년들의 이해하기 어려운 모습들은 새로운 세상에 적응하기에 적합한 것인지도 모른다. 이런 맥락에서 볼 때, 청소년이 부모 세대와 비슷한 모습을 보인다는 것은 오히려 문제가 될 수 있다. 그러므로 청소년은 외계인이어야 한다. 즉, 존재한다고 믿지만 우리가 그들에 대해 전혀 알지 못하는 존재인 외계인이어야 하는 것이 맞다. 부모 세대가 할 일은 이 외계인들을 이해하고 제대로 아는 것이다. 그럼으로써 세대 차이를 줄인다기보다 세대 차이를 인정하는 것이다. 즉, 서로 다름을 인정해야 한다. 최근 우리 사회의 여기저기서 이러한 노력이발견되는 것은 다행한 일이라고 하겠다.

세대 공감에 등장했던, 50대는 잘 모르는 10대들의 용어

- **열공**   열심히 공부한다
- **지대**   제대로
- **지름신**   충동구매를 부추기는 가상의 신
- **불펌**   자료 등을 올린 이의 허락 없이, 다른 곳에 업로드 하는 것
- **출첵**   출석체크의 준말
- **도촬**   도둑촬영의 준말
- **므흣**   기분이 흐뭇하거나 묘한 상태
- **넷심**   인터넷상에서 다수의 여론 또는 여론몰이

요즘 아이들이 바라보는 '어른'의 의미

청소년기에 나타나는 여러 특징 중 청소년기의 '자아중심성'이 있다. 이것은 자신에게 너무 몰두해서 나타나는 현상으로, 그로 인해 자기가 매우 특별한 사람이라고 생각한다. 자기 이외의 다른 사람들은 자기보다 다 못났다고 생각하므로 부모를 포함한 다른 성인들까지도 무시하게 된다는 것이다.

옛날에는 어른들이 길을 가다가 담배를 피우는 청소년들이 있으면 나무라기도 하고, 노약자에게 자리를 양보하지 않은 청소년들을 야단쳤다. 그러면 청소년들은 부끄러워하면서 담배를 끄고, 자리도 양보를 했다. 그러나 요즘에는 이런 어른들이 사라졌다. 청소년들에게 바른 소리를 했다가 낭패를 봤다는 이야기를 여기저기서 들었기 때문이다. 실제로 얼마 전에는 지하철에서 자신에게 자리를 양보하지 않는다고 나무란 노인을 뒤따라가 계단에서 밀어 버린 청소년도 있었다. 이런 섬뜩한 이야기가 아니더라도 요즘 가만히 보면 아이들이 어른을 공경하는 것 같지가 않다. 장유유서(長幼有序)와 같은 구시대적인 이야기를 하자는 것은 아니지만 아이들이 버릇 없는 것처럼 보이는 것이 사실이다. 좋게 이야기하면 밝고 명랑하다고도 할 수 있겠지만, 어찌되었든 어른에 대한 예의가 과거보다 없어졌다는 사실은 부정할 수 없다.

대부분의 성인들이 이렇게 느끼는 데는 청소년기의 특징과 관련된 이유와 인터넷 사용과 관련된 이유가 있다. 우선 청소년기의 특징과 관련된 것으로는 청소년의 인지발달이 있다. 이와 관련하여 두 측면에서 살펴볼 수 있는데, 하나는 청소년기가 아동기 때 부모를 숭배했던 태도에서 벗어나기 시작하는 시기라는 것이다. 부모의 잘못된 점들이 눈에 띄기 시작하고 인지적인 발달로 인해 비판하는 능력도 발달하기 시작한다. 그 결과, 청소년들은 부모에 대해 실망하고 반항적이 된다. 이 시기에는 동일시의 대상이 부모나 교사 등과 같은 인물에서 연예인이나 운동선수와 같은 인물로 바뀌기도 한다. 이 과정에서 부모를 무시하는 현상이 나타나기도 한다.

다른 하나는 청소년기에 나타나는 여러 특징 중 하나인 청소년기의 '자아중심성'과 관계가 있다. 이것은 자신에게 너무 몰두해서 나타나는 현상으로, 그로 인해 자기가 매우 특별한 사람이라고 생각한다. 자기 이외의 다른 사람들은 자기보다 다 못났다고 생각하므로 부모를 포함한 다른 성인들까지도 무시하게 된다는 것이다.

인터넷 사용과 관련해서는 다음과 같은 것을 생각해 볼 수 있다. 주위에서 들은 이야기인데 한 청소년 미디어 전문가의 친구가 자신에게 이런 말을 했다고 한다. 자기가 예민해서 그런 것인지는 몰라도 요즘 아이들이 자기를 무시하는 느낌이 든다는 것이다. 자녀도 그렇고 동네 아이들도 그렇게 느껴지는데, 자기가 과민 반응하는 것이 아니었으면 좋겠다고 말이다. 그래서 그 청소년 미디어 전문가는 그 친구의 느낌이 당연하다고 말해 주었다고 한다. 바로 이것이 인터넷의 영향 때문이라는 것이다.

요즘 아이들은 어렸을 때부터 인터넷을 사용해서 인터넷 사용능력이 성인들보다 뛰어나다. 게임방에서 서로 다른 연령대의 사람들과 게임을 같이하게 될 때 그곳에서 우두머리가 되는 사람도 대부분 초등학생이라고 한다. 그것은 중학생이나 고등학생은 게임방을 책임지고 관리할 정도로 시간이 많지 않고, 성인들은 초등학생보다 오히려 인터넷 사용능력이 뒤지기 때문이다. 그래서 요즘 초등학생들은 자신의 형이나 누나뻘인 중고생들뿐 아니라 성인들까지 자신의 휘하에 두고 명령하며 지시해 보았던 경험이 있다는 것이다. 과거에는 초등학생이 이런 경험을 할 기회가 없었지만, 요즘은 다르다. 상황이 이러하니 초등학생들이 성인을 자신의 부하쯤으로 여기는 것이 당연하지 않겠는가 말이다.

또한 인터넷 동호회의 발달로 인해 요즘 청소년들은 어른들과 같이 활동할 기회가 많다. 다음에 소개하는 청소년도 중학교 2학년 때부터 다양한 동호회 활동을 통해 여러 연령대의 사람들과 만나 정보를 공유하고 경험의 폭을 넓혔

동아일보(2005. 2. 2), 디지털키즈⟨2⟩ 뭐하는것? 재밌는것!

다. 그렇기 때문에 지금의 청소년들은 과거의 청소년과 달리, 어른에 대한 느낌이나 태도가 다를 수밖에 없다.

한편, 마가렛 미드는 문화유형을 과거표상(postfigurative), 현재표상(cofigurative), 미래표상(prefigurative) 문화로 구분했다. post(과거), co(현재), pre(미래)는 젊은이들이 성장했을 때 물려받게 될 세상을 의미하고, figure는 그런 세상의 모형 또는 표상이라 할 수 있다. 그중 미래표상 문화에서는 과거에 존재하지 않았던 상황이 전개됨에 따라 부모가 자녀에게 모델이 되지 못한다. 부모가 자녀에게 가르쳐 주거나 물려줄 것이 많지 않다는 것이다. 반면 자녀는 부모보다 더 많이 알고 있고, 부모의 지도 없이 학습이 이루어지며 심지어는 부모

A Rainbow

- Wordsworth

My heart leaps up when I behold
A rainbow in the sky
So was it when my life began,
So is it now I am a man,
So be it when I shall grow old,
Or let me die!

The child is father of the man
And I could wish my days to be
Bound each to each by natural piety.

무지개

- 워즈워스

하늘에 무지개 바라보면
내 마음 뛰노나니,
나 어려서 그러하였고
어른 된 지금도 그러하거늘
나 늙어서도 그러할지어다.
아니면 이제라도 나의 목숨 거둬 가소서.

아이는 어른의 아버지
소원하노니 내 생애의 하루하루가
자연에 대한 숭배로 이루어질진저.

가 이해하지 못하는 것도 학습한다. 오히려 자녀가 부모를 가르쳐 주어야 하는 상황이 되는 것이다. 뿐만 아니라 패션이나 오락 등 여러 영역에서 부모가 자녀를 모방하기도 한다. 미드의 이 이론은 지금 우리 현실을 잘 설명해 주는 것 같다. 당장 나만 보더라도 이것은 사실인 것 같다. 딸의 도움 없이는 요즘 유행하는 일본드라마나 미국드라마를 볼 수 없는 것이 나의 현실이다. 딸에게 구걸하다시피 하고, 컴맹이라는 소리까지 들으면서 재미있는 이모티콘을 구하는 것 또한 나의 현실이다.

　　그런데 생각을 조금만 바꿔 보면, 지금의 이 새로운 현상이 낯설기는 해도 잘못된 것은 아니라는 생각이 든다. 아이한테 배운다는 것이 뭐 그리 쑥스러운 일인가? 유명한 영국의 시인인 워즈워스도 '아이는 어른의 아버지' 라고 하지 않았는가? 아이한테서라도 배울 수 있다면 그것은 얼마나 행복한 일인가 말이다.

　　우리가 아이들한테서 배우는 것을 어색하게 생각하는 것은 아마도 유교문화와 과거 농경사회의 영향, 즉 마가렛 미드 식으로 표현하자면 과거표상 문화의 영향 때문일 것이다. 유교문화에서는 장유유서의 법칙이 존재하면서 어른과 아이의 구별을 명확히 했고, 어른은 공경의 대상이었다. 그만큼 어른은 아이에게 모범이 되는 존재이고, 가르침의 방향은 어른이 아이에게로 향한 일방향적인 관계였다. 또한 농경사회에서는 부모가 자녀에게 모든 것을 가르쳤다. 어렸을 때 부모로부터 배우고 익힌 지식과 기술은 자녀가 평생 동안 유용하게 쓸 자산이었고, 자신의 자녀에게도 대물림할 수 있었다. 하지만 지금은 세상이 많이 달라졌다. 부모가 자녀에게 가르쳐 줄 것이 과거처럼 많지 않고, 가르쳐 준다 해도 그것을 평생 동안 유용하게 쓸 수는 없다.

　　이처럼 과거와 다른 현재에 살면서, 이렇게 한번 생각해 보면 어떨까? 아이도 하나의 인격체이다. 청소년 자녀도 하나의 인격체이니 이들을 하나의 인격체로 대우해 주자. 나와 같은 인권을 가진 존재로 인정하면, 오늘날의 현실에 대해 한숨만 나오지는 않을 것이다.

WANT세대와 휴대전화의 관계

청소년들의 문자메시지 과다 사용과 관련된 가장 큰 문제는 말을 잃어 간다는 것이다. 미국의 경우이기는 하지만 집에 돌아와 어머니에게 '저녁 준비가 됐나요?'라고 e메일로 묻는다거나 대화 도중 'Oh, LOL'이라는 축약문자를 사용하기도 한다는 것이다. LOL은 laughing out loud 에서 앞글자만 딴 것이다.

WANT세대는 "다수 대 다수의 커뮤니케이션을 주도하고(Wide), 적극적인 열정(Active)이 있으며, 새로움과 다양함을 열망하는 새로운 10대를 의미한다."[1]고 한다. 이들은 현재 중·고등학교에 다니고 있는 13세에서 18세에 이르는 청소년이다. 이들에게 휴대전화는 가장 중요한 물건이어서 이들에게 가장 무서운 체벌은 인격비하 발언 다음으로 휴대전화를 빼앗기는 것이라고 한다. 휴대전화의 중요성은 WANT세대보다 어린 세대들에게도 마찬가지로 나타나고 있다. 초등학생이 어린이날 가장 받고 싶은 선물 중 하나가 휴대전화라는 것만 보더라도 잘 알 수 있다.

한편 기성세대는 어떠한가? 물론 휴대전화가 편리하기 때문에 이제 휴대전화 없는 삶은 생각할 수 없는 것이 현실이다. 하지만 청소년 자녀와 기성세대인 부모에게 휴대전화는 각각 다른 의미를 가진다고 할 수 있다. 휴대전화를 활용하는 데 있어서도 자녀와 부모 사이에는 많은 차이가 있다.

자녀의 휴대전화 사용과 관련한 부모들의 고민은 주로 과도한 요금, 공부시간 부족, 가족 간의 대화부족 등이다. 청소년 자녀를 가진 부모가 지난달 휴대전화 요금이 100만원이 넘자 깜짝 놀라 자녀에게 물어봤더니, 다운 몇 번 받았는데 그렇게 되었나 보다라고 별일 아니라는 투로 얘기해서 놀랐다는 얘기를 주위에서 흔히 접하게 된다. 한 달에 일정량의 문자메시지만을 사용할 수 있는 서비스에 가입한 경우, 총알이 떨어져서 휴대전화 사용이 어려우니 총알을 보충해 달라는 자녀를 가진 부모도 많다. 이런 문제점에도 불구하고 부모는 대부분 자녀와의 연락을 위해 자녀에게 휴대전화를 사 주지만, 정작 자녀가 부모에게 휴

1 동아일보(2006. 5. 8), 회초리보다 휴대폰 압수가 더 겁나

대전화로 연락하는 일은 많지 않다. 부모가 휴대전화를 사 준 목적과는 달리 자녀는 주로 자신의 여가생활이나 친구와의 의사소통을 위해 휴대전화를 사용한다.

요즘 청소년은 음성통화보다 문자메시지를 많이 한다. WANT세대의 휴대전화에는 평균 80명의 친구가 등록되어 있고, 하루 평균 5명과 문자대화를 나누며 98건의 문자메시지를 보낸다고 한다.[2] 청소년들의 휴대전화 사용은 시간과 장소를 가리지 않는다. 요즘은 수업시간에 문자를 보내는 청소년을 쉽게 볼 수 있다. 대학생들도 마찬가지여서 교수 앞에서도 태연하게 문자를 주고받는다.

문자메시지는 고등학생보다 중학생이 더 많이 이용하고 있었다. 미국의 경우도 예외는 아니어서 휴대전화를 손에 달고 살다시피 하면서 한 달에 1천 건 이상의 문자메시지를 주고받는 10대들이 허다하다고 한다. 물론 미국 청소년의 문자메시지 사용은 우리나라 청소년에 비할 바는 아니지만 미국사회에서는 큰 골칫거리일 것이다. 그에 비해 우리는 이 문제에 대해 둔감하거나 무심하다.

청소년들의 문자메시지 과다 사용과 관련된 가장 큰 문제는 말을 잃어 간다는 것이다. 미국의 경우이기는 하지만 집에 돌아와 어머니에게 '저녁 준비가 됐나요?' 라고 e메일로 묻는다거나 대화 도중 'Oh, LOL' 이라는 축약문자를 사용하기도 한다는 것이다.[3] LOL은 laughing out loud에서 앞글자만 딴 것이다. 이 때문에 미국 10대들의 구술대화 능력에 문제가 있다는 지적이 있고, 직장을 구한 사람들 중에도 절반가량은 말하기 능력 때문에 고생하는 것으로 나타나고 있다. 이러한 현실은 미국만의 문제가 아니다. 오히려 IT분야의 세계 최대강국인 우리나라에서는 더 큰 문제일 것이다. 단지 이러한 현실이 제대로 알려지지

---

2 동아일보(2006 . 5. 8), 회초리보다 휴대폰 압수가 더 겁나
3 동아일보(2006 . 6. 1), 美 IT세대, 문자메시지 − 메신저 − e메일로 의사소통

않았거나 무관심해서 그 심각성을 인지하지 못할 뿐이다.

라마르크가 제창한 진화론 중 용불용설(用不用說)이라는 것이 있다. 이는 생물에는 환경에 대한 적응력이 있어, 자주 사용하는 기관은 발달하고 사용하지 않는 기관은 퇴화하여 없어진다는 학설이다. 말을 잃어 가는 청소년들을 보면서 가장 먼저 머리를 스친 것이 바로 용불용설이다. 이러다가 우리 청소년들이 말을 아예 못하게 되거나 매우 제한적으로만 하게 되는 것은 아닐까?

문자메시지 사용과 관련하여 그 다음으로 떠오르는 것은 채팅문화로부터 파생된 언어파괴 현상이다. 이런 현상은 인터넷 채팅에서 시작되어 이제는 휴대전화의 문자메시지까지 이어지고 있다. 다음과 같은 문자메시지를 받은 성인들의 대부분은 아마 그 뜻을 이해하지 못할 것이라 생각한다. 청소년이 말을 잃어 가는 것과 더불어 채팅용어로 인한 세대 간의 단절이 더욱 깊어진다는 생각이 든다. 뉴욕의 학생들 사이에는 교사 등 어른들에게는 들리지 않는 휴대전화 벨소리가 인기라고 한다. 우리나라 청소년에게도 곧 전달될 것이라 생각하니 무섭다는 느낌마저 든다.

오I ㄱ=II ㅇ ㄱ듀 ㅎ1ㄱF 맹글ㅇㄱ낸 (외계어두 우리가 만들어 낸) 울 ㅎ1낄희능 (우리끼리는) 한귤희홤 iii (한글이야!!!) 울희능, 너누-II ㅎ r그 놀긔 ㅅ1러iii (우리는 너네하고 놀기 싫어!!!) 오1ㄱ=II ㅇㄱ 날음 뒈르 (외계어두 나름대로) ㄱ ₩성ø1있콽홍,iii (개성이 있다구!!!)

마지막으로 청소년의 문자메시지 사용과 관련해서 문제시되는 것은 상대방과의 의사소통 수단이 아니라 혼자서 문자메시지를 보내는 경우가 증가하고 요즘 청소년은 음성통화보다 문자메시지를 많이 한다. WANT세대의 휴대전화에는 평균 80명의 친구가 등록되어 있고, 하루 평균 5명과 문자대화를 나누며 98건의 문자메시지를 보낸다고 한다.

있다는 사실이다. 어떻게 혼자서 문자메시지를 보내고 즐기느냐 하면 대화형 문자메시지 서비스 '심심이' 를 이용하면 된다. 심심이는 인공지능을 기반으로 개발된 것인데 문자 로봇 '심심이' 에게 '외롭다' 는 문자를 보내면 '힘내' 라는 답 문자를 보내 준다. 주로 10대들이 이용하는 이 서비스의 하루 평균 이용자는 7만 명 이상이라고 한다.[4] 이런 서비스가 가능한 것은 휴대전화와 같이 언제 어디서나 실시간 커뮤니케이션이 가능한 미디어 환경 때문이다. 그리고 이러한 환경 때문에 혼자 놀기 미디어가 확산되고 있다. 이처럼 청소년들이 통신보다는 놀이를 위하여 미디어를 사용하고 있고, 그들이 혼자만의 놀이에서 솔직해지는 것은 가상의 상대를 사이버공간 속의 자신이라고 생각하기 때문이라는 어느 심리학자의 말이 가슴에 와 닿는다.

청소년들은 밥을 먹듯 휴대전화를 사용한다. 휴대전화로 노는 일은 이제 생활이 되어 버렸다. 여기에서 부모가 할 일이라곤 별로 없다. 단지 청소년이 다른 세상에 사는 존재임을 인정하면서 언제든 옆에 있어 주는 수밖에 없다.

4 동아일보(2006. 3. 4), 요즘 엄지족 혼자서 논다

너는 로미오, 나는 줄리엣

청소년의 성(性) 이야기

과거에는 청소년의 성을 억압하고 감추고 부정적인 것으로 여겼었다. 하지만 요즘에는 사회변화와 더불어 달라진 청소년의 특성, 즉 솔직함, 공개적 성향, 거리낌이 없는 점 등과 연관되어 청소년들이 성을 바라보는 시각은 너무 많이 달라졌다.

　　이도령과 성춘향은 16세에 만나 사랑에 빠졌고, 로미오와 줄리엣은 17세와 15세에 만나 사랑을 했다. 이들의 나이를 기준으로 보면 요즘 청소년들이 이성교제를 하고 사랑에 빠지는 것은 그리 이상한 일이 아니다. 참고로 우리 할머니께서는 16살에 시집을 오셨다. 이런 말을 꺼내는 이유는 현대사회가 과거사회와는 다르기 때문에 10대에 결혼하는 것은 어렵지만, 10대 청소년들이 사랑에 빠지는 것은 자연스러운 일임을 말하고 싶기 때문이다. 이 점을 우리는 잊고 사는 것 같다.

　　사춘기에 들어서면 성호르몬이 분비되기 시작한다. 성호르몬은 신체적으로 여성을 여성답게 남성을 남성답게 만들어 주는 역할을 한다. 이 시기에는 성에 대한 흥미와 욕구가 증가하기 시작할 뿐만 아니라 생식력도 생긴다. 이 말은 사춘기가 되면서 청소년들은 성적으로 성숙하게 되어 성관계를 가지면 임신이 가능하다는 것이다. 그런데 사회에서는 성적으로 어느 정도 성숙해 있고 성적 흥미와 욕구가 강한 청소년들에게 성적인 행동을 금기시하고 있다. 여기에서 청소년들의 갈등은 시작된다. 대부분의 청소년들은 사회에 순응하여 성적인 행동을 미루고 공부에만 관심을 두면서 그들의 십대를 보낸다. 하지만 요즘 사회의 변화에 따라 청소년들의 성에 대한 태도나 행동에도 변화가 나타나기 시작했다.

　　얼마 전 논란을 일으켰던 영화 〈제니 주노〉에서는 그동안 우리 사회에서 금기시되었던 청소년의 임신이 등장한다. 여주인공은 기성세대의 시각에서 볼 때 겨우 15살인 청소년으로 성적인 행동이 금지된 나이이다. 이 영화가 논란의 대상이 된 이유는, 이 영화로 인해 청소년들이 모방행동을 할 수 있다는 기성세대의 우려와 중학생이 임신을 한다는 영화의 내용이 비현실적이라는 점에 있다. 그러나 청소년이 이 영화를 바라보는 시각은 달랐다. 재미있다며 2편이 나왔으면 좋겠다는 반응이 대부분이다. 영화제작자들은 이 영화에 대한 청소년들의 반응이 긍정적이라는 점을 빨리 간파하였고, 곧 〈제니 주노〉 2편이 나온다고 한다. 헐리우드에서도 〈Juno〉라는 10대 여자 청소년의 임신에 관한 영화를 만들었다.

과거에는 청소년의 성을 억압하고 감추고 부정적인 것으로 여겼었다. 하지만 요즘에는 사회변화와 더불어 달라진 청소년의 특성, 즉 솔직함, 공개적 성향, 거리낌이 없는 점 등과 연관되어 청소년들이 성을 바라보는 시각은 너무 많이 달라졌다. 여기에서 이러한 변화가 옳은 것이냐의 여부를 말하고자 하는 것은 아니다. 단지 청소년의 성에 대해 있는 그대로를 언급하고자 한다.

청소년들의 성에 있어서 달라진 것을 몇 가지 예로 들면, 우선 과거와는 달리 여성이 적극적이라는 것과 성관계를 포함한 성적 접촉이나 이성교제를 소위 불량학생(?)인 일부 청소년만 하는 것이 아니라 모범생도 한다는 것이다. 초등학교 5, 6학년부터 이성교제 방식에서 여자가 마음에 드는 남자를 찍고 남자가 도망가는 행태가 보편화됐다. '좋아한다' 는 쪽지를 몰래 전하거나 직설적으로 '좋아한다. 사귀자' 고 말하는 것도 남자보다는 여자가 더 많다고 한다. 공부를 잘하고 소위 모범생으로 알려진 여학생이 남자친구와 성관계를 가지는 것도 그리 놀랄 만한 일이 아니라고 한다.

그러면 얼마나 많은 청소년들이 이성교제를 하고 있으며, 얼마나 많은 청소년들이 성관계를 포함한 성적 접촉을 하고 있을까? 같은 부모의 입장에서 볼 때, 딱 떠오르는 말이 있다. "You don't want to know." 모르는 편이 더 나을 것 같다는 말이다. 단, 부모가 생각하는 것보다 그 비율이 상당히 높으리라는 것만은 명심할 필요가 있을 듯싶다.

청소년의 성은 남자와 여자에 대해 각각 다르게 접근할 필요가 있다. 그 이유는 남자와 여자가 가지는 성에 대한 태도가 다르기 때문이다. 남자 청소년들은 첫 번째 성경험을 청소년기 초기에 자위를 통해서 하는 경우가 대부분이다. 이것은 남자 청소년들로 하여금 성을 다른 사람과의 상호작용의 관계에서 분리하도록 하는 성적 사회화를 경험하게 한다. 그 결과, 남자 청소년들은 성과 친밀감이 다른 것이라고 생각하게 된다. 한편, 여자 청소년들은 첫 번째 성경험을 좋아하는 사람과 하게 될 가능성이 높다. 그것은 여자 청소년들이 남자 청소년들과 달리 자위를 통해 성경험을 할 가능성이 낮기 때문이다. 여자 청소년들은 자연스럽게 성과 친밀감을 같은 맥락에서 생각하게 된다.

성에 대한 남녀의 차이는 성과 관련된 여러 문제를 야기하기도 한다. 요즘에는 다음과 같은 문제로 상담을 해 오는 청소년을 쉽게 만날 수 있다. 한 여학생의 경우, 아는 오빠가 성관계를 가지자고 해서 거기 응했는데, 그 오빠가 성관계를 가진 이후로는 마음이 변했는지 자신을 만나 주지 않는다는 것이다. '자기가 어떻게 하면 좋겠냐'는 이 고민의 주인공은 20대 여성이 아니라 중학생이다. 이것은 남녀 청소년의 성에 대한 태도가 다르다는 점을 알고 있다면 충분히 이해가 가는 상황이다. 그 오빠는 처음부터 이 여학생을 좋아하지 않으면서 성관계를 가지자고 제안한 것인데, 그 오빠를 좋아하는 여학생은 자기를 좋아하는 줄 알고 그 제안을 받아들인 것이다. 그 오빠는 여학생이 생각하는 것처럼 성관계 이후 마음이 변한 게 아니다. 냉정하게 들리겠지만 처음부터 그 여학생을 좋아하지 않은 것뿐이다.

남자 청소년들의 이야기를 들어 보면, 자신은 특별히 원한 것이 아니었는데 분위기상 키스를 했다거나 성관계를 가졌다는 경우가 있다. 외국의 사례이기는 하지만 실제로 남자 청소년들에게 최근 성관계를 하게 된 이유가 무엇이냐고 물었더니, 여자 친구가 원해서라고 응답하는 경우가 많았다고 한다. 이것은 실제로 그들의 여자 친구가 성관계를 가지고 싶어서 남자 친구를 압박했다기보다 남자 친구 스스로 그렇게 생각했다는 것을 의미한다. 즉, 여자 친구가 자신과 성관계를 가지고 싶어 한다고 생각했다는 것이다. 그런데 아마 그것은 그 남자 청소년만의 생각일 것이다. 여자 청소년들은 아마 그 반대의 생각을 했을 가능성이 높다.

요즘에는 성에 대한 전통적인 남녀 청소년의 태도에 변화가 오고 있다. 소위 성혁명이라 부르기도 하는데, 성에 대한 남녀 청소년의 태도가 과거와 반대로 나타난다는 것이다. 남자 청소년들은 성과 친밀감을 동일시하는 반면, 여자 청소년들은 과거에 남자 청소년들이 그랬듯이 성과 친밀감을 분리시키기 시작하고 있다는 것이다. 물론 이것이 아직 대세는 아니지만 이런 현상이 나타나기 시작한다는 점은 주목할 만하다. 이러한 변화를 잘 대변해 주는 것이 여자 청소년의 성매매이다. 성매매를 하는 여자 청소년은 성과 친밀감을 분리하므로, 성매수자와 성관계를 가지지만 그들이 친밀감의 대상은 아니다. 성매매 여자 청소년에게는 친밀감의 대상인 남자 친구가 따로 있는 경우가 많다.

청소년들의 성문화가 급격하게 변하면서 이들에게 어떻게 접근해야 하는지에 대한 고민과 논란이 많다. 이제 우리 사회에서 혼전순결을 강조하거나 성행동의 금지를 말하기에는 청소년과 우리 사회가 너무 많이 달라졌다. 그 대안으로 등장한 것이 성적 자기결정권이다. 물론 이것이 청소년의 성과 관련하여 너무 앞서가는 것이 아니냐는 반론도 만만치 않으나 현실적인 측면에서는 오히려 효과적일 수 있다. 성적 자기결정권에서는 자신의 소중함을 인식하는 것이 중요하다. 자신의 소중함을 안다면 적어도 게임 아이템을 위하여 성매매를 하지는 않을 것이기 때문이다. 게임을 잘하는 남학생에게서 들은 이야기인데 자신에게 아이템과 성관계를 거래하자는 여학생이 너무 많다고 한다. 자신의 외모와 나이를 밝히면서 자기에게 어떤 아이템을 주면 성관계를 하겠다는 것이다.

성에 대해 개방적인 청소년들은 모텔문화라는 새로운 장르를 우리에게 보여 준다. 모 대학에서 청년심리학을 강의하는 교수로부터 이제는 청년심리학 강의를 하기 힘들다는 얘기를 들었다. 이유는 학생들에게 요즘 청년문화에 대해 조사해서 발표를 하라고 했더니, 얼마 전부터 모텔문화가 단골메뉴로 등장한다는 것이다. 이성교제를 하면서 모텔을 이용하는 것이 어떤 이점이 있는지를 조목조목 논리적으로 제시하더라는 것이다. 몇 학기가 지나서야 겨우 이해하게 되었지만, 기성세대인 자기로서는 수용하기가 힘들다면서 앞으로 어떤 일로 놀라게 될지 생각하기도 싫다고 했다. 이들에게 성이란 그리 심각한 것이 아닌 모양이다.

우리가 어리다고만 생각하는 초등학생들의 논술주제로 자주 등장하는 것이 '애인이 있어야 하느냐, 아니냐' 라는 것이라고 한다. 이것은 부모가 청소년의 성을 이제는 다르게 보기 시작해야 함을 알려 주는 지표이다.

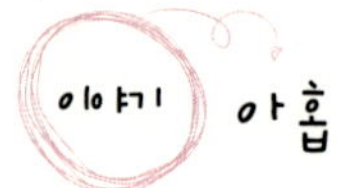

여자를 신경질적으로,
남자를 공격적으로

며칠 전 신문에서 성에 일찍 눈뜨는 아이들에 대한 기사를 보았다. 중학생과 초등학생인 두 아들을 둔 한 엄마가 중학생인 큰아들이 섹스에 관해 물어서 놀랐는데 그 옆에 있던 초등학생인 작은아들이 자기가 형에게 가르쳐 주겠다고 해서 더 놀랐다는 것이다.

사춘기가 되면 성호르몬이 분비된다. 여자 청소년에게는 여성호르몬인 에스트로겐, 남자 청소년에게는 남성호르몬인 테스토스테론이 분비되는데 이 두 호르몬은 사춘기 때 가장 많이 분비된다. 물론 여자 청소년에게도 남성호르몬인 테스토스테론이 분비되고, 남자 청소년에게도 여성호르몬인 에스트로겐이 분비되지만 그 양은 미미한 수준이다.

여성호르몬이 여자 청소년에게 미치는 영향은 신체적인 측면과 정서적인 측면으로 나누어 볼 수 있다. 우선 신체적인 측면에서 보면, 에스트로겐이 분비되면서 가슴도 나오고 엉덩이도 커지며 몸 전체가 곡선을 나타낸다는 것이다. 정서적인 측면에서 보면, 여자 청소년을 신경질적으로 만드는 경향이 있다. 딸의 경우 사춘기에 접어들면서 신경질을 많이 내는 걸 쉽게 볼 수 있다. 아마 부모들은 왜 딸아이가 신경질적이 되고 화를 자주 내고 까다로워졌는지 모를 것이다. 그저 어렸을 때는 딸 키우기가 쉬웠는데 커서는(사춘기가 되면) 아들 키우는 것보다 어렵다고만 생각했을 것이다. 주위에서도 그런 말을 흔히 하곤 하는데 그 이유가 바로 여성호르몬인 에스트로겐에 있는 것이다.

에스트로겐은 여자 청소년뿐만 아니라 대부분의 여성을 신경질적으로 만든다. 이러한 성향은 한 달을 주기로 나타나는데, 같은 사람이라도 짜증이 더 날 때가 있고 덜 날 때도 있다. 올드미스의 히스테리도 이것과 연관시켜 생각해 볼 수 있는지 모르겠다. 그 한 달 주기란 생리 주기를 말한다. 대부분의 여성은 생리 전에 에스트로겐의 분비가 급증하고, 그 결과 평상시보다 더 신경질적이 된다. 엄마들도 자신을 한번 돌이켜 보면, 아이들에게 짜증을 더 심하게 내고 남편과 더 다툴 때가 있을 것이다. 그때가 바로 에스트로겐의 분비가 많아지는 시기이다. 이런 현상을 생리전증후군(PMS, Pre Menstrual Syndrome)이라고 한다.

이런 광경을 한번 상상해 보라. 모녀가 비슷한 시기에 생리를 한다면, 두 사람은 비슷한 시기에 상당히 예민해져 있을 것이다. 그렇다면 두 사람이 격돌(?)하는 것은 시간문제다. 같은 말을 해도 그 시기에는 제대로 전달이 되지 않는다. 예를 들어, 공부를 열심히 하라고 할 때, 평상시에는 "그래, 열심히 공부해야지."라고 생각하는 자녀가 예민한 시기에는 "맨날 공부만 열심히 하라고 하면 나는 기계야. 나도 사람이야."라고 짜증을 낼 수도 있다. 그런데 엄마도 그때가 예민한 시기이면 딸의 투정을 그냥 안쓰럽게 받아 주기가 힘들 것이다. 둘은 전쟁을 치를 가능성이 높다. 그래서 생리하는 것을 매직에 걸렸다고 표현했나 보다. 평상시와는 전혀 다른 사람이 되니까 말이다.

남성호르몬인 테스토스테론이 남자 청소년에게 미치는 영향도 에스트로겐이 여자 청소년에게 미치는 영향처럼 신체적인 측면과 정서적인 측면에서 생각해 볼 수 있다. 테스토스테론이 분비되면서 남자 청소년의 외부 생식기가 발달하고 키가 커지며 목소리에도 변성기가 오게 되면서 달라진다. 그런데 흥미로운 것은 테스토스테론은 남자 청소년을 신경질적으로 만들지 않는다는 점이다. 오히려 테스토스테론의 수준이 높은 남자 청소년은 그렇지 않은 남자 청소년보다 자신감을 더 많이 가진다고 한다. 이것은 아들을 키워 본 부모가 아들이 크면서 듬직해지고 어른스러워진 느낌이 드는 이유를 설명해 주는 것일 수 있다. 즉, 그 아이가 가진 자신감이 표현되었기 때문이라는 것이다. 뿐만 아니라 테스토스테론은 성과 공격성과도 밀접한 관련이 있는 것으로 나타나고 있다. 테스토스테론의 분비가 많을수록 성적 흥미나 욕구가 증가한다는 것이다. 이것은, 테스토스테론이 많이 분비되는 남자 청소년은 테스토스테론이 적게 분비되는 남자 청소년보다 성에 대해 관심이 많다는 뜻이다.

　　며칠 전 신문에서 성에 일찍 눈뜨는 아이들에 대한 기사를 보았다. 중학생과 초등학생인 두 아들을 둔 한 엄마가 중학생인 큰아들이 섹스에 관해 물어서 놀랐는데 그 옆에 있던 초등학생인 작은아들이 자기가 형에게 가르쳐 주겠다고 해서 더 놀랐다는 것이다. 물론 아이들이 성에 일찍 눈뜨게 되는 데에는 신문기사에서 나타난 것처럼 대중매체의 영향이 클 것이다. 그러나 그것을 남성호르몬인 테스토스테론과 연관시켜 생각해 보면, 그 엄마의 큰아들은 작은아들에 비해 테스토스테론이 적게 분비되어 중학생이 되었어도 아직 성에 대해 잘 모르는 반면, 작은아들은 초등학생임에도 불구하고 성에 대한 흥미가 높아 다양한 경로를 통해 성에 관한 정보를 수집해서 형보다 성에 대해 더 잘 알 수도 있다는 것이다.

　　테스토스테론은 또한 남자 청소년의 공격성에도 영향을 미치는 것으로 알려져 있다. 특히 사춘기가 막 시작된 초기 청소년기나 중기 청소년기보다는 후기 청소년기의 공격성에 영향을 더 많이 미친다고 한다. 어떤 사람의 공격성 정도는 그 사람의 성격과 관련이 있다고 생각해 왔다. 그러나 공격성은 성격적인 측면 이외에 남성호르몬의 수준과도 연관이 있다. 즉, 남성호르몬이 많이 분비되면 그 사람은 공격적일 가능성이 많고, 이 관계는 청소년 후기부터 두드러진다는 것이다. 이제 사춘기가 막 시작된 남자 청소년에게는 아직 해당사항이 아닐 것이다. 언젠가 남녀공학 중학교에 가 본 적이 있다. 거기서 남자 중학교 1학년생이 옹기종기 모여서 공기놀이를 하는 것을 보고 참 신기했다. 반면 같은 교실에서 여자 중학교 1학년생은 말뚝박기를 과격하게 하면서 놀고 있었다. 이런 현상은 10대 후반으로 가면 볼 수 없게 될 가능성이 많다.

　　이렇게 보면 호르몬이 인간에게 미치는 영향이 절대적인 것 같아서 인간이 매우 왜소해 보인다. 그런데 다행스럽게도 인간에게 미치는 호르몬의 영향은

✚　　　사춘기가 되면 성호르몬이 분비된다. 여자 청소년에
게는 여성호르몬인 에스트로겐, 남자 청소년에게는 남성호르
몬인 테스토스테론이 분비되는데 이 두 호르몬은 사춘기 때
가장 많이 분비된다.

생각보다 절대적이지는 않다. 예를 들어, 여자 청소년이 신경질을 내는 데에는 호르몬보다 사회적 요인이 더 많은 영향을 미친다. 에스트로겐의 분비가 증가하지 않아도 기분 나쁜 일이 있으면 화가 나고, 에스트로겐의 분비가 증가해도 짝사랑하는 남학생 앞에서는 화를 내지 않는다. 부모나 친구들에게는 짜증을 냈다가도 남자 친구 앞에서는 상냥하게 말하고 행동하는 여자 청소년을 볼 수 있다. 우리는 그것을 내숭이라고 말하는데, 이 여자 청소년은 호르몬의 영향과 사회적 요인의 조화를 통해서 자신의 감정을 통제하는 것이다. 결론적으로 말하면, 인간은 호르몬의 영향을 통제할 수 있다는 것이다. 정말 다행스런 일이 아닐 수 없다.

알파걸이 등장하다

알파걸은 남녀 구분과 차별을 고려해 보지 않은 최초의 여자 청소년들이고, 이전의 여자 청소년들과는 달리 자신감, 열정, 자아존중감이 높다. 이들은 모든 면에서 남자 청소년보다 뛰어나고 자신이 남자보다 뛰어난 능력을 가졌다는 것에 대해 부담을 느끼지 않는다.

　〈이웃집 토토로〉, 〈센과 치히로의 행방불명〉, 〈하울의 움직이는 성〉 등으로 유명한 미야자키 하야오 애니메이션 감독은 21세기가 여성의 시대이기 때문에 자신은 여성을 주인공으로 한 애니메이션을 만든다고 했다. 요즘 나는 이 말을 실감하고 있다.

　최근 여성이 우리 사회의 관심을 받는 사건들이 주위에 속속 등장하기 시작했다. 명문대 입시(전공진입)나 전문직에서 여성의 진출이 두드러지고 있다. 반기문 유엔 사무총장 덕에 인기가 높아진 외교학과의 경우, 우수한 인재들이 몰린다고 한다. 서울대 외교학과의 신규 전공진입자 가운데 여학생이 90%를 차지한다고 한다.[1] 금융계, 법조계, 의료계에서 여성의 비율이 급증하고 있다는 이야기는 이제 흔하게 들을 수 있다. 오죽하면 청와대 인턴시험에서 여성지원자들이 두각을 나타내자 '여인천하' 라는 표현을 썼겠는가?

　한편 2007년에는 세계적인 석학들의 산실인 하버드대에 첫 여성총장이 등장했다. 이로써 아이비리그 8개 대학 총장 중 절반이 여성이라고 한다. MIT의 총장도 여성이다. 현재 국가수반이 여성인 나라는 핀란드, 스리랑카, 라트비아, 파나마(대통령), 아일랜드, 방글라데시, 뉴질랜드, 스위스(총리)이다.

　불과 얼마 전까지 여성이 이러한 위치에 오른다는 것은 희망사항이었다. 일본의 장관이 여성을 '애 낳는 기계' 라고 표현한 것이 바로 얼마 전의 일이다. 하버드대의 전 총장인 서머스가 "과학 · 기술 분야의 고위직에 남성이 여성보다 많은 이유는 수학 · 과학 분야의 선천적인 차이 때문이다." 라는 성차별적 발언을 한 것이 2005년의 일이다.

1　동아일보(2008. 2. 22), 서울대 외교학과 '女風' 눈에 띄네.

딸아이가 초등학교 다닐 때의 일이다. 학교 앞 문방구에서 공책을 하나 달라고 했더니, 주인이 우리 아이가 아들인지 딸인지를 물었다. 왜 그러시느냐고 했더니 딸인 경우와 아들인 경우 쓰는 공책이 다르다면서 여자 아이면 공주 그림의 공책, 남자 아이면 로봇 그림의 공책을 쓴다는 것이다. 그래서 깨달았다. 2000년대에도 우리 사회에서는 남자와 여자를 다르게 대한다는 것을 말이다.

내가 젊어서 공부하던 시절에는 친구 부모들 중에 여자가 무슨 공부를 그렇게 많이 하느냐고 반대하시는 부모가 많았다. 그중 한 친구는 외국에서 공부를 하는데 부모님이 자기에게는 돈을 보내 주시지 않아 힘들게 공부했다. 먹을 것이 떨어지는 일도 있었다고 했다. 그런데 남동생이 외국에서 공부할 때는 어려움 없이 공부에만 전념할 수 있도록 전폭적으로 지원해 주셨다고 한다. 과거에는 오빠나 남동생의 학업을 위해 누나나 여동생이 학업을 포기하고 일하는 것이 당연한 일이기도 했고 흔히 주위에서 볼 수 있는 일이었다. 그 시대에 여성들은 이런 일에 불평불만 없이 대체로 순종했다. 물론 그보다 훨씬 전에는 남녀차별이 더 심했다. 오죽하면 가족계획 캠페인의 슬로건이 "아들딸 구별 말고 둘만 낳아 잘 키우자"라거나 "잘 키운 딸 하나 열 아들 안 부럽다"였겠는가?

과거에 여성들이 능력발휘를 제대로 하지 못한 이유 중 하나는 가정, 학교, 사회에서의 성역할 사회화 때문이라고 볼 수 있다. 이것은 사회가 여성에게 여성으로서의 역할을 수행할 것을 기대하는데 여성이 그 기대에 순응하게 되면 결국 여성은 자신의 능력을 발휘하기가 어렵다는 것이다.

그런데 이런 여성들이 달라지기 시작했다. 특히 여자 청소년들이 달라졌다. 하버드의 심리학자인 댄 킨들런은 이들을 알파걸이라고 명명했다. 알파걸은 남녀 구분과 차별을 고려해 보지 않는 최초의 여자 청소년들이고, 이전의 여자 청소년들과는 달리 자신감, 열정, 자아존중감이 높다. 이들은 모든 면에서 남자 청소년보다 뛰어나고 자신이 남자보다 뛰어난 능력을 가졌다는 것에 대해 부담을 느끼지 않는다. 이들의 자신감, 열정, 자아존중감은 댄 킨들런이 인터뷰한 알파걸의 대답에서 느낄 수 있다. "정말 힘든 것을 해 보고 싶었어요. 그래서 웨스트포인트를 선택했지요." "GE, 포드, IBM 같은 회사에 제가 맞지 않는다면 그건 저의 문제가 아니라고 봐요. 그 사람들 문제지요."[2]

알파걸들은 우리 주위에서 흔히 찾아볼 수 있다. 한 여행길에서 목격한 일이다. 초등학교에 다니는 남매를 데리고 여행을 온 부부가 있었는데, 여동생이 매사에 오빠와 경쟁적인 태도를 보였다. 무엇이든지 오빠와 똑같은 대접을 받거나 자신이 더 많은 것을 가져야 한다고 주장하곤 했다. 이런 여동생은 과거에도 볼 수 있었다. 그런데 놀라운 것은 부모의 태도였다. 과거에는 아마 대부분의 부모가 어디 여자가 남자인 오빠한테 대드느냐고 야단을 쳤을 것이다. 여동생의 요구는 묵살되었을 것이다. 그런데 뜻밖에도 부모는 여자 아이를 나무라지 않았고 오빠와 동등한 대우를 해 주었다.

명절 때 대부분의 가정에서 흔히 볼 수 있는 풍경 중 하나가 남자는 남자끼리 여자는 여자끼리 음식을 따로 먹는 것이다. 음식의 내용이나 차림도 다른 경우가 많았다. 과거에는 이에 대해 누구도 이의를 제기한 적이 없었던 것 같다. 그저 당연한 일인 것처럼 여겼다. 여자들은 일하고 남자들은 놀거나 게으름 피우는 것이 이상하게 보이지 않았다. 그런데 요즘에는 이처럼 과거에는 아무렇지도 않았던 일들에 대해 기분 나빠 하는 여성들이 등장하고 있다. 이들은 주로 젊은

2 댄 킨들런(2006). 알파걸, 미래의 창

여성이거나 여자 청소년들이다. 한 친구로부터 자기 집은 요즘 명절 때마다 불안하다는 말을 들었는데 그 이유가 여자 조카들 때문이란다. 이제 대학에 가고 고등학생이 된 여자 조카들은 외갓집에 올 때마다 자신들과 나이가 비슷한 남자 사촌들은 남자들끼리 따로 밥상을 받고 아무 하는 일 없이 빈둥대는 데 반해, 자신들은 집안일을 도와야 하는 데 대해 이해할 수 없다는 반응을 보인다는 것이다. 뿐만 아니라 오빠나 남동생한테 과일을 가져다주라고 하거나 밤참으로 라면을 끓여 주라고 하면 오빠(남동생)는 손발이 없느냐고 퉁명스럽게 엄마한테 쏘아붙이는 딸들이 많아졌다.

　　알파걸의 등장으로 앞으로의 사회에서는 남자와 여자의 관계가 새롭게 정립되어야 한다는 것을 예견할 수 있다. 앞으로 다가올 시대에서 여자의 도움 없이는 발전이 불가능하다. 기업체에서는 이와 같은 변화를 재빠르게 파악하고 이에 대처하는 방법을 모색하고 있다. 그중 아모레퍼시픽과 같은 회사에서는 여자와 같이 지내는 법을 배우고 있다고 한다. 여자와 남자는 다르다. 이것은 서로를 보완해 줄 수 있다는 것이다. 그러므로 남녀가 서로 협력하면 지금까지 남자 위주 혹은 여자 위주로 일하던 시대보다 훨씬 풍요로운 시대가 올 것이다.

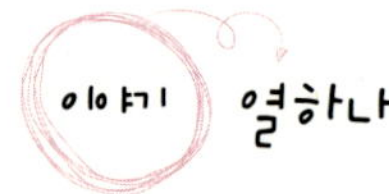

이미지가 더 좋아

이모티콘과 사진일기를 보면서 요즘은 문자보다 이미지가 더 중요한 시대라는 생각이 든다. 청소년들은 글로써 자신의 생각을 전달하고 표현하기보다 이미지로 이를 대신하려 한다.

나만의 생각일지는 모르겠지만 나이 많은 평범한 기성세대들은 채팅을 할 일이 많지 않다. 특히 직장인들 중 가르치는 직업을 가진 사람들은 채팅을 할 일이 별로 없다. 나는 지금까지 채팅을 해 본 적이 거의 없다. 이런저런 일들로 바쁘다 보니 일을 하는 데 필요한 것 이외에는 새로 습득하는 일이 없는 편이다. 채팅은 내가 하는 일에 필수적인 것이 아니어서 할 필요도 느끼지 못하고 있었고, 하고 싶다는 생각도 없었다. 그런데 문득 딸과 채팅을 하고 싶어졌다. 물론 딸은 싫다고 했지만 설득해서 결국 채팅을 하기로 했다. 딸과 처음 채팅을 하던 날, 나는 열심히 뭐라 쓰고 있는데도 딸은 속도가 느리다며 재촉을 했다. 평소 원고도 쓰고 해서 타자속도가 늦다고 구박을 받을 정도는 아니라고 생각했는데 채팅을 하면서 딸한테는 구박을 받았다. 그렇게 채팅을 하면서 뭔가가 어색하다는 생각을 하기 시작했다. 그 원인을 찾아내는 데는 시간이 많이 걸리지 않았다. 그것은 바로 나는 글로 채팅을 하고 딸은 주로 이모티콘으로 채팅을 한다는 점이었다. 그러면서 딸은 엄마한테서는 감정을 느낄 수가 없어서 재미가 없다고 했다. 나 자신은 내가 보내는 글로써 충분히 의사전달이 된다고 생각했는데 상대방이 보기에는 너무 딱딱했던 것이다. 예를 들면 다음과 같은 식이다.

엄마: 오늘 어떻게 지냈어?
딸:

엄마: 왜 그런데?
딸:

다음은 내가 채팅하면서 본 가슴에 콱 와 닿는 이모티콘들이다.

그러고 보니 학생들이 나에게 다양한 이모티콘을 섞어 가면서 휴대폰으로 문자를 보내 준 일들이 생각났다. 그때마다 나는 답문자를 해 주었는데 물론 이모티콘이 전혀 들어가지 않은 밍밍한 문자였다. 나중에 들은 이야기지만 요즘 청소년들은 자신이 이모티콘으로 문자를 보냈을 때 상대방도 이모티콘으로 답을 하지 않으면 섭섭해한다고 한다. 그래서 이동통신사마다 이모티콘 문자 서비스를 제공하는 모양이다. 그 후 인터넷에서 이모티콘이라는 단어로 검색을 해 보니 각양각색의 이모티콘을 볼 수 있었고, 이모티콘을 구하는 사람도 있으며, 이모티콘을 직접 만드는 사람도 있다는 사실을 알게 되었다. 내가 알지 못하던 또 다른 세상이 있었던 것이다.

사진일기라는 말을 들어 본 적이 있는가? 요즘에는 글로 쓰는 것만이 일기의 전부라고 생각하면 오산이다. 물론 초등학교 시절에는 그림일기도 있었다. 하지만 디지털키즈들은 글로 일기를 쓰는 대신 사진으로 일기를 대신하기도 한다고 한다. 예를 들어, 어머니가 무엇이든지 지나치면 안 된다고 한 말이 가슴에 와 닿아서 소주 한 병과 소주잔을 찍고 '하루에 한 잔은 약이래요.' 라고 사진일기를 쓰기도 한다.[1]

이모티콘과 사진일기를 보면서 요즘은 문자보다 이미지가 더 중요한 시대

---

1 동아일보(2005. 2. 10), [디지털 키즈] "일기요? 사진으로 쓰죠"

라는 생각이 든다. 청소년들은 글로써 자신의 생각을 전달하고 표현하기보다 이미지로 이를 대신하려 한다. 이를 두고 일각에서는 논리력이나 사고력의 부족을 가져올 수 있기 때문에 주의를 기울여야 한다고 우려하고 있다. 그러나 달리 보면 이제까지 잠재해 있던 새로운 감각인 시각의 재발견으로 볼 수도 있을 것이다. 이것은 과거보다 요즘의 청소년이 다양한 감각을 사용할 줄 알게 되었다는 좋은 소식이다. 또한 이미지는 문자보다 논리적인 측면에서는 부족할 수도 있지만 감정이나 사고의 전달 및 표현에 있어서는 보다 강력하고 명확할 수 있다.

방학을 맞아 가족들과 함께 제주도 여행을 다녀왔다.
정말 환상적이었던 제주도!!

　　교육의 궁극적 목표는 전인(全人)을 만드는 데 있다고 해도 과언이 아니다. 전인은 인지적 측면뿐만 아니라 정서적, 사회적, 신체적 측면이 골고루 조화를 이룬 사람이다. 하지만 요즘 우리 사회에서 공교육이 무너졌다는 말이 많이 들린다. 그 이유는 여러 가지이겠지만 그 결과, 전인을 키우고자 했던 교육의 목표는 사라진 것 같다. 지금 학교에서는 인지적인 측면만이 부각된 기형아를 키우고자 노력하는 것 같다. 그런 시점에서 감정에 호소하는 이미지 선호현상은 반가운 일이 아닐 수 없다. 이렇게 해서라도 우리 청소년들이 전인이 될 수 있다면 좋겠다.

　　앞으로의 사회에서는 무엇보다도 이미지가 메시지인 시대가 도래한다고 한다. 어쩌면 우리는 이미 그 시대에 와 있는지도 모르겠다.

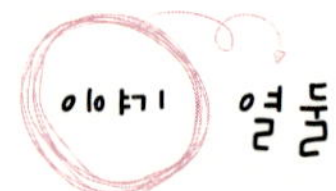

만화의 영향은 무궁무진하다

부모 세대에게 만화는 그리 좋게만 여겨지지 않는다. 그러나 이런 생각을 해 보았다. 내가 살아온 시대와 앞으로 우리 아이가 살아갈 시대는 분명히 다를 것이다. 그렇다면 만화의 역할도 다를지 모른다. 그러면서 주위를 살펴보니 과거보다 만화가 개인에게 미치는 영향이 더욱 크다는 생각이 들었다.

얼마 전 딸아이와 책방에 갔다. 만화를 좋아하던 딸아이는 책 구경을 열심히 하다가 『위대한 캣츠비』를 사 달라고 했다. 나는 그 순간 피츠제럴드의 명작인 『위대한 개츠비』를 드디어 이 아이가 읽게 되는구나 하는 생각이 들어서 감격스러웠다. 당장 사 주겠다고 흔쾌히 대답했다. 정말이지 명작은 좋아하지 않고 만화만 보려는 딸아이를 보면서 속이 좀 상했던 것이 사실이었다. 어렸을 때 독서를 많이 해야 공부도 잘한다는 이야기를 주위에서 들어서가 아니라 책읽기의 소중함을 아는 부모세대로서 이것은 당연한 생각인지도 모른다.

몇 해 전 이사를 하면서 한 벽면을 책꽂이로 만들었다. 그 책꽂이에 우리 아이가 읽은 책들이 넘쳐 나길 기대하면서 말이다. 그런데 나의 희망과 달리 그 책꽂이는 만화책으로 넘쳐 났다. 처음에는 만화책이라도 보는 것이 어디냐고 생각했지만 학년이 올라가도 여전히 만화만 좋아하는 아이를 보면서 걱정이 많이 되었다. 그런데 드디어 그 만화광이 『위대한 개츠비』를 사 달라는 것이다. 어찌 좋지 아니하겠는가? 그러나 그 기쁨은 잠시였다. 딸아이가 가져온 것은 내가 생각한 그 『위대한 개츠비』가 아니라 만화인 『위대한 캣츠비』[1]였던 것이다.

부모 세대에게 만화는 그리 좋게만 여겨지지 않는다. 만화를 통해 어린 시절의 추억을 떠올리는 사람들도 많겠지만 과거에는 만화를 그저 오락거리 정도로만 생각했던 것이 사실이다. 게다가 요즘에는 만화의 콘텐츠가 폭력적이거나 선정적이어서 문제가 되고 있다. 우리 사회에서 금기시되는 동성애를 다루는 등 청소년에게 부정적인 영향을 미친다고 여겨지고 있다. 그러나 이런 생각을 해 보았다. 내가 살아온 시대와 앞으로 우리 아이가 살아갈 시대는 분명히 다를 것이

---

1 나는 잘 모르지만 이 만화는 매우 유명한 만화라고 한다. 한국을 대표하는 만화로 영어번역 및 해외수출이 진행 중이며, 만화 중 명작이라고 한다.

다. 그렇다면 만화의 역할도 다를지 모른다. 그러면서 주위를 살펴보니 과거보다 만화가 개인에게 미치는 영향이 더욱 크다는 생각이 들었다.

어떤 엄마는 머리를 하얀색으로 염색하고 싶어 하는 자녀 때문에 머리가 아프다고 했다. 청소년기에는 머리를 염색하고 싶은 아이들이 많다는 걸 알고 있어서 방학 동안에 한 번쯤은 머리염색을 허락하리라 마음을 먹었는데, 갈색도 아니고 와인색도 아닌 하얀색으로 염색하고 싶다는 자녀의 말에 처음 염색을 허락하려고 했던 마음이 싹 사라지더라는 것이다. 급기야는 자녀와 싸우고 말았다고 한다.

어떤 엄마는 딸아이가 요즘 자기는 남자 등짝만 보면 그 남자를 덮치고 싶다고 해서 너무 놀랐다고 한다. 이제 겨우 중학교 2학년인 딸이 남자를 덮치고 싶다니 이것이 무슨 일인가 했단다. 성적인 흥미나 욕구가 강해서 이런 표현을 하는 것인지, 아니면 다른 무엇인지?

또 다른 엄마는 평소에 공부하거나 배우는 것에 관심이 없던 아이가 피아노를 치고 싶다든가 오보에를 배우고 싶다고 해서 너무 반가웠다고 한다. 게다가 독일어도 배우고 싶고 프랑스어도 배우고 싶고 유럽으로 공부하러 가고 싶다고도 해서 이제야 철이 들었구나 하는 생각을 했다고 한다. 그러면서 다른 집 엄마들처럼 공부를 강요하지 않고 믿고 기다린 것이 보람이 있었다는 생각을 하며 가슴 뿌듯해했다고 한다.

하지만 엄마들이 요즘 청소년들이 보는 만화에 조금만 관심을 가지면 이런 이야기를 들었을 때 놀라거나 혹은 그 반대로 기뻐할 일이 아니라는 것을 알 수 있다. 우선 하얀색으로 머리를 염색하고 싶어 하는 그 청소년은 아마 다카하시 루미꼬의 일본만화 『이누야사』의 영향 때문일 것이다. 그 주인공의 머리색이

일본만화 『이누야사』

하얀색인데 그 청소년은 이누야사와 동일시하고 싶은 마음에서 머리색을 하얀색으로 염색하고 싶은 것이지 특별히 다른 뜻은 없을 것이다. 만일 이누야사의 머리색이 분홍색이었으면 그 청소년은 분명히 분홍색으로 머리를 염색하고 싶어 했을 것이다. 그러니 엄마가 괜히 흥분하거나 열을 올릴 필요는 없다.

두 번째 이야기에 나오는 청소년은 분명히 박소희의 『궁』이라는 만화를 보았을 것이다. 이 만화는 2006년 윤은혜와 주지훈이 주연한 드라마로 제작되어 MBC에서 방영한 바도 있기 때문에 비교적 일반인에게도 널리 알려졌다. 궁의 주인공으로 등장하는 신채경은 남자의 등짝만 보면 덮치고 싶다는 말을 한다. 그 말을 한 여자 중학생은 성적인 흥미나 욕구 때문에 남자 등짝만 보면 덮치고 싶은 것이 아니라 그냥 궁의 주인공이 하는 말을 따라 했을 뿐이다. 다른 성적 의미는 없는 것일 테니 걱정할 일이 전혀 아니다. 그 아이는 그저 평범한 여자 중학생인 것이다.

아마 자녀가 이것도 배우고 싶고 저것도 배우고 싶다면서 배우는 것에 대한 욕심을 보이는 것만큼 부모 마음을 즐겁게 하는 일은 없을 것이다. 그런데 아마 그 엄마가 미노미야 토모코의 『노다메 칸타빌레』를 보았다면 그렇게 즐겁지만은 않을 것이다. 『노다메 칸타빌레』를 보면 왜 그 아이가 피아노를 치고 싶고 오보에를 배우고 싶은지, 왜 갑자기 독일어와 프랑스어를 배우고 싶은지, 왜 유럽으로 유학을 가고 싶은지를 모두 이해할 수 있을 것이기 때문이다.

위대한
캣츠비
제4부
강도하
궁(宮)
2 박소희
ISSUE COMICS SPECIAL
노다메
칸타빌레 1
TOMOKO NINOMIYA
ISSUE COMICS SPECIAL
노다메
칸타빌레 4
TOMOKO NINOMIYA

이런 것들을 보면 부모 세대가 모르는 사이에 만화는 청소년들의 일상뿐 아니라 진로에까지 널리 영향을 미치고 있는 것 같다. 여기서 부모가 생각할 것이 몇 가지 있다.

첫째, 과거에 부모 세대가 책을 통해 꿈을 키우고 경험의 폭을 넓힌 것처럼 지금의 청소년들은 만화를 통해 꿈을 키우고 경험의 폭을 넓힌다는 사실을 수용해야 한다. 만화를 읽고 나서 피아노를 배우고 싶은 것과 세계적인 피아니스트의 연주를 듣고 피아노를 배우겠다고 결심하는 것은 다를 바가 없다는 말이다. 만화의 힘을 무시하지 말라는 것이다.

둘째, 지금처럼 대부분의 청소년들이 만화를 즐긴다면 만화는 이들에게 필요한 것이다. 컴퓨터가 이들에게 필요하고 소중한 것처럼 만화도 이들에게 소중한 것이다. 만화를 즐기는 것은 요즘 청소년의 문화패턴이다. 이들은 아마 성인이 되어서도 만화를 즐겨 볼 것이다.

셋째, 만화 관련 진로는 생각보다 발전가능성이 많다. 과거에는 글 쓰는 직업이 고달프다는 생각이 많았으므로 하물며 만화는 그보다 더할 것이라 생각하지만 지금은 아니다. 만화는 중요한 문화산업이 될 수 있다. 일본의 만화인 『망가(manga)』를 생각해 보면, 이는 일본뿐 아니라 세계를 무대로 영향력을 높여 가고 있다. 미국에도 망가의 독자들이 많이 있다. 그런데 요즘 한국 만화도 미국의 독자에게 인기가 높아지고 있다고 한다. 강도하의 『위대한 캣츠비』, 말리의 『도깨비 신부』, 원수연의 『렛 다이』, 김진태의 『왕십리 종합병원』 등은 영어 번역 및 해외 수출이 진행되고 있다고 한다.[2] 영화 〈스파이더 맨〉의 샘 레이미 감

---

2 동아일보(2007. 4. 30), 비지니스위크 "한국만화, 美 마니아총서 日 제치고 인기"

'만화 왕국' 일본,
만화 능력검정시험 보기로

도쿄=선우정 조선일보 특파원
2007. 4. 24

만화에 국운을 걸었다?

어학 능력검정시험과 같은 '만화 능력검정시험'이 오는 6월 일본에서 실시된다. 국민들의 만화 그리는 능력을 측정하는 일명 '망켄(漫檢)'. "만화문화 발전에 이바지하겠다"는 게 주최측 포부다. 일본 정부도 일본만화를 세계에 알리는 '만화 대사(大使)', '만화 노벨상' 등을 추진하고 있어, 일본을 '만화왕국'으로 만드는 데 민·관이 똘똘 뭉치고 있다.

'망켄'을 추진하는 '일본그래픽예술협회(JAGAT)'는 시험을 세 종류로 나눠 각각 평가에 따라 1~3급을 부여할 방침이다. 세 종류는 캐릭터를 그리는 '만화 캐릭터 검정', 스토리 만화를 그리는 '만화 스토리 검정', 지정한 기법으로 그리는 '만화 기법 검정' 등이다.

수험생 확보는 문제가 없을 듯하다. 일본 전국 100여 대학에 만화과(科) 또는 만화 강좌가 개설돼 있고, 전국 700여 고등학교에 만화 동아리가 있다. 일본의 만화 출판시장은 5,000억엔(약 3조 9,000억원) 정도로 추산되며, 일본 만화는 유럽과 아시아 각국에 일본의 국가 이미지를 형성하는 문화 상품으로 수출되고 있다. 첫 '망켄'은 6월 17일 도쿄에서 실시된다.

독이 2008년 상영을 목표로 영화화하고자 하는 형민우의 『프리스트』와 같은 만화를 보면 만화와 관련된 진로가 과거와 달리 무궁무진할 뿐 아니라 높은 부가가치를 가져올 수도 있다는 것을 보여 준다. 일본만화 『이웃집 토토로』를 아는 사람이 많을 것이다. 그런데 『이웃집 토토로』는 만화로 끝난 것이 아니고 지브리 박물관에서 다시 태어났다. 많은 사람들이 이곳을 방문하고 있다. 그 부가가치는 과연 얼마나 될까?

만화를 원작으로 하는 드라마나 영화가 속속 등장하고 있다. 성공한 만화를 원작으로 하는 것이니만큼 드라마나 영화도 성공적이다. 그래서인지 일본에서는 만화발전에 이바지할 목적으로 망켄이라는 만화 능력검정시험까지 치르는 모양이다.

부모가 달라져야 아이들도 변한다

2

부모는 기다릴 줄 알아야 한다.
지금은 자녀가 옳지 않은 길을 가더라도 언젠가는
제자리로 돌아올 것을 믿고 기다려 줄 수 있어야 한다.

현명한 부모는 누구도 탓하지 않는다

주위를 둘러보면 부모와 자녀가 닮은꼴인 경우가 많이 있다. 가수로는 태진아와 이루, 나미와 정철, 임성훈과 임희택(T-ache) 등이 있고, 영화배우로는 최무룡과 최민수, 박노식과 박준규, 허장강과 허준호 부자 등이 있다.

“누굴 닮아서 저럴까?”

자녀를 키우면서 한두 번 이런 생각을 해 보지 않은 부모는 없을 것이다. “누굴 닮아서 저렇게 공부를 하지 않을까?” “누굴 닮아서 말을 듣지 않을까?” “누굴 닮아서 이렇게 정리 정돈을 하지 못할까?” 등 이루 말할 수 없을 정도이다. 이런 생각을 하는 부모들은 대부분 자녀의 못마땅한 점이 자신의 배우자를 닮아서라고 생각한다. 자신을 닮았기 때문이라는 생각은 전혀 하지 못하고, 아예 생각하려 하지도 않는 것 같다.

그러나 부모와 자녀는 많이 닮았다. 주위를 둘러보면 부모와 자녀가 닮은 꼴인 경우가 많이 있다. 가수로는 태진아와 이루, 나미와 정철, 임성훈과 임희택(T-ache) 등이 있고, 영화배우로는 최무룡과 최민수, 박노식과 박준규, 허장강과 허준호 부자 등이 있다. 이제까지 노벨상을 수상한 부자는 6차례, 부녀의 경우는 한 차례가 있었다. 최근 노벨화학상을 받은 로저 콘버그 교수와 50년 전 노벨상을 받았던 아서 콘버그 박사는 부자 사이다.[1] 이런 것을 두고 부전자전이라고 하는 모양이다.

인간이 어떻게 발달하느냐에 대해서 크게 두 가지 이론이 있다. 그것은 생물학적 이론과 사회문화적 이론이다. 지금으로서는 어느 이론이 인간의 발달을 더 잘 설명한다고 일방적으로 이야기하기는 곤란하다. 그보다는 두 이론이 다 일리가 있고, 인간의 발달은 두 이론에서 각각 이야기하는 유전과 환경이 서로 상호작용한 결과라고 하는 것이 더 적절한 표현일 것이다. 여기서는 편의상 두 이론을 각기 독립적으로만 접근해 보자.

---

1 동아일보(2006. 10. 5), 유전정보 규명 ‘代’ 이은 노벨상

자녀가 누굴 닮았다고 생각하거나 부전자전이라는 말은 인간발달에 있어서 생물학적 입장을 강조한 것이다. 스탠리 홀이라는 유명한 청소년 심리학자는 개인의 성장과 발달에 영향을 미치는 요인으로 중요한 것이 유전적으로 결정되어진 생물학적 요인이라고 했다. 그렇기 때문에 청소년들은 청소년기에 나타나는 생물학적 성숙으로 인하여 불안과 혼란을 일으킨다고 하면서 청소년기를 '질풍과 노도의 시기'라고 했다. 스탠리 홀의 견해로는, 청소년들이 청소년기에 갈등과 혼란을 경험하는 일은 유전적으로 결정된 것이기 때문에 매우 자연스러운 결과라는 이야기다. 이 입장에서 보면 청소년들이 방황하는 것은 당연하므로 성인들은 이들에 대해 관대할 필요가 있다고 생각할 것이다. 시간이 지나면 청소년들의 갈등과 고민은 점차 사라질 것이다. 우리나라에서는 이런 현상을 철이 든다고 표현한다.

사회문화적 입장으로는 유명한 문화인류학자인 마가렛 미드를 들 수 있다. 미드는 미국 청소년이 경험하는 방황이 미국이라는 문화의 영향 때문에 나타나는 것이라고 생각했다. 그는 사모아에서 여자 청소년들을 대상으로 연구를 수행한 결과, 인간의 발달이 그가 속한 문화권의 영향을 받는다는 결론을 내렸다. 그는 뉴기니에서의 연구를 통해 우리 사회에서 일반적인 상식으로 알려져 있는 것까지도 사회나 문화의 영향이라는 점을 밝혔다. 예를 들어, 모성이라는 것은 여성이라면 누구나 가지는 것으로 알고 있지만 식인종인 문두구무어 족에겐 모성이 존재하지 않는다. 남자들은 밖에 나가서 일을 하고, 여자들은 집에서 살림을 하며 아이를 양육하는 것이 당연하다고 생각하지만 참불리 족에게는 그 반대가 당연한 일이다.

인간의 발달이 생물학적이건 사회문화적이건 어느 쪽이라도 현재 자녀의 모습은 부모 때문이다. 이것은 자녀의 장점과 단점에 모두 적용된다. 예를 들어, 자녀가 공부를 못한다고 할 때, 생물학적인 입장에서는 자녀가 공부를 못하는 것이 전적으로 부모의 탓이다. 부모가 공부를 못했기 때문에 자녀도 공부를 못한다는 논리가 성립되기 때문이다. 이런 맥락에서 보면 섣불리 공부를 못한다고 야단을 칠 수도 없을 것이다. 그 비난이 쓰나미가 되어 다시 부모에게 되돌아올 수 있기 때문이다.

반면 사회문화적인 입장에서 생각하면, 자녀가 공부를 잘할 수 있는 환경을 제대로 만들어 주지 못한 것이 또한 전적으로 부모의 책임이 된다. 예를 들어 강남에 가면 좋은 학원도 많고, 공부 잘하는 학생도 많아 공부하는 분위기가 형성되어 있어서 강남의 학생들은 좋은 대학에 많이 간다는데, 그런 강남에서 살지 못하는 부모는 자녀에게 미안해해야 한다는 결론이 나온다. 설령 유전적으로 공부하는 능력이 좀 부족하게 태어났더라도 환경조성을 잘 해 주어 자녀가 공부를 잘할 수 있게 해 주어야 하는 것은 아닌지? 이래저래 부모는 설 자리가 없는 것 같다. 어찌됐든 여기서 말하고자 하는 것은 자녀에게 적어도 "누구를 닮아서 ~ 하니?" 라는 말은 하지 말아야 한다는 것이다. 그것은 내 탓, 즉 부모 탓이기 때문이다.

그런데 정말 다행스러운 일은 인간의 발달이 이렇게 어느 한쪽의 일방적인 영향만으로 결정되는 것이 아니라는 점이다. 물론 유전의 영향도 있고 환경의 영향도 있지만, 이 둘은 항상 상호작용을 하고 있고 그 결과가 인간의 발달에 영향을 미친다. 아무리 뛰어난 능력을 가지고 태어났다 하더라도 그것을 개발할 수 있는 환경을 만나지 못하는 경우도 있을 테고, 가지고 태어난 능력은 크지 않지만 그 능력을 모두 발휘할 수 있는 환경에서 성장하는 경우도 있을 것이다. 우스갯소리로 빌 게이츠가 우리나라에서 태어났다면 아마 평범한 사람이 되었을 것이라는 말이 있다. 아무리 훌륭한 자질을 가지고 태어났어도 환경의 영향에 따라 그 자질은 다르게 나타날 수 있다는 말이다. 중요한 것은, 이 세상을 살아가는 데 자신이 가지고 태어난 능력을 최대한으로 발휘만 할 수 있다면 아무 문제가 없으리라는 것이다. 타고난 능력이 부족해서 원하는 것을 하지 못하는 경우는 많지 않을 것이기 때문이다.

환경 중에서 중요한 것은 물리적인 환경보다는 부모인 것 같다. 현명한 부모라면 지금 자녀가 올바르게 발달하기 위해 필요한 것이 무엇인지 알아서 도와주어야 한다. 누구의 탓을 하지 말고 말이다.

강남으로 이사한다고 해서 자녀가 모두 공부를 잘하는 것은 아니다. 유학을 보낸다고 해서 자녀가 공부를 잘하는 것도 아니다. 부모가 공부를 잘하지 못했다고 해서 자녀도 공부를 못하는 것은 더욱 아니다. 환경 중에서 중요한 것은 물리적인 환경보다는 부모인 것 같다. 어려운 가정에서도 훌륭한 인물이 나올 수 있다는 것은 물리적 환경이 생각보다 덜 중요할 수 있다는 것을 보여 준다. 부모는 자녀에게 무엇인가를 하고 싶게 하는 동기를 부여해 줄 수 있다. 좌절했을 때 힘을 줄 수 있고, 지지해 주어 다시 일어나게 할 수도 있으며, 자녀가 꿈을 가지도록 해 줄 수도 있다. 현명한 부모라면 지금 자녀가 올바르게 발달하기 위해 필요한 것이 무엇인지 알아서 도와주어야 한다. 누구의 탓을 하지 말고 말이다.

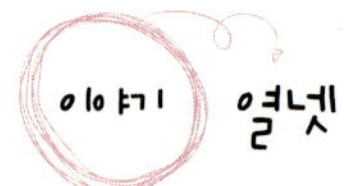

자녀의 개인차를 인정하자

사람들이 다 똑같으면 이 세상은 얼마나 재미가 없을까? 유재석도 있어야 하고, 박지성도 있어야 하고, 비틀즈도 있어야 하고, 장한나도 있어야 하고, 스티븐 호킹 박사도 있어야 하고, 이은결도 있어야 하고, 빌 게이츠도 있어야 한다. 어느 분야에서든지 자신이 잘할 수 있는 분야에서 최고이면 되는 것이다.

한 번쯤은 우리 아이가 천재가 아닐까, 하고 생각해 본 적이 있을 테지만 결국 대부분 아니라는 결론을 내렸을 것이다. 조사에 따르면, IQ가 190 이상의 천재로 태어날 확률이 0.000000001%라고 한다.[1] 그러니 부모들이 자녀에 대해 가졌던 혹시나가 역시나가 될 확률은 99.999999999%인 셈이다.

흥미로운 점은, 부모들이 자녀가 천재가 아닌 것은 그런 대로 인정하지만, 개인차는 인정하지 않는다는 것이다. 우리 아이가 공부를 잘하지 못하는 이유를 공부하는 시간이 부족하거나 공부하는 방법을 모르기 때문이라고 생각하는 것이다. 이런 연유로 부모들은 자녀를 학원에 보내려 한다. 학원에서 1시간 공부하면 1시간 공부한 만큼, 10시간 공부하면 10시간 공부한 만큼 효과가 있을 것이라 생각하기 때문이다. 게다가 특별히 잘 가르치는 선생님한테 배우면 그 효과는 더욱 크리라고 판단하여, 고액의 과외비를 서슴없이 지불하는가 하면 좋은 학원이 많다는 강남으로 이사라도 가려고 한다. 이런 생각은 자녀의 능력 범위나 유형에 대해 제대로 이해하지 못하기 때문에 나타나는 현상으로 보인다.

공부를 잘하는 데에는 여러 요인이 작용한다. 책상 앞에 앉아 있는 시간이 많다고 해서 공부를 잘하는 것은 절대 아니다. 다 그렇지는 않겠지만 어느 학원 선생님의 말에 의하면 학원에 와서 꾸벅꾸벅 조는 아이들이 상당히 많다고 한다. 부모들은 학원에 보냈으니 자녀가 공부를 열심히 하리라 믿겠지만 실제는 그렇지 않다는 것이다. 결국 학원에 보내거나 과외를 시킴으로써 확실하게 얻는 것은 부모의 만족뿐이다.

부모들이 개인차를 인정하지 못하는 또 하나의 이유는, 어떻게 하면 민사

1 조선일보(2007. 6. 29), [why] IQ 190 '기가 소사이어티' 등 '천재' 모임

고나 특목고에 갈 수 있다거나 하버드대와 같은 아이비리그 대학에 보낼 수 있다는 이야기를 주변에서 보고 듣기 때문이라고 본다. 그러나 자녀를 하버드대에 보낸 엄마처럼 하면 자녀가 모두 하버드에 가는가 하면, 그건 아니다. 민사고나 특목고에 자녀를 보낸 엄마처럼 하면 자녀가 모두 민사고나 특목고에 갈 수 있는가? 궁금해서 민사고의 학생 수를 알아보았다. 1998년 4명의 졸업생을 시작으로 2006년에는 86명이 민사고를 졸업했다. 생각보다 학생 수가 매우 적었다. 2006년 민사고 졸업생 수를 그해 같은 나이인 우리나라 청소년 수(617,000명)와 비교해 보면, 0.01%에 해당한다. 민사고에 들어갈 확률이 천재로 태어날 확률보다는 높지만 대부분의 청소년에게는 어려운 일이다. 그러니 자녀를 민사고에 보낸 엄마의 경험담을 그저 참고만 할 뿐 그대로 따라 하면 우리 아이도 민사고에 갈 수 있다는 생각을 버리는 편이 정신건강에 좋을 것이다.

　　우리 사회에서 공부 잘하는 자녀를 원하는 것은 독특한 우리문화의 영향이다. 과거 조선시대에서 효(孝)란, 출세해서 부모를 기쁘게 해 드리는 것이었다. 그 시대에 출세하는 유일한 길은 공부를 열심히 하여 급제하는 것이었다. 그러니 공부를 열심히 하라고 할 수밖에 없었다. 경제적으로 어려웠던 시기에도 공부만이 살 길이었기에 부모들은 자녀를 공부시키는 일에 많은 것을 희생했다. 오랫동안 부모들은 자녀에게 공부 이외에 다른 것은 바라지 않았다. 공부만이 소위 말하는 부와 명예와 권력을 가질 수 있는 길이라고 생각했기 때문이다. 그래서 애써 개인차를 인정하지 않았는지도 모르겠다.

　　그러나 이제는 세상이 달라졌다. 공부만이 최고였던 시대가 지나가고 있다. 물론 여기서 말하는 공부는 협의(狹義)의 의미로서, 국어, 영어, 수학, 과학과 같은 과목을 잘하는 것을 말한다. 인간은 모두 다르다. 이것은 개인차가 있다는 말이다. 공부를 잘하는 사람도 있고 못하는 사람도 있다. 어떤 사람은 노력하면 공부를 잘하지만 어떤 사람은 아무리 노력해도 공부를 잘하지 못하고, 어떤 사람은 공부에 관심이 있지만 어떤 사람은 공부에 관심이 전혀 없다. 이것이 공부에 있어서의 개인차이다. 누구는 그림을 잘 그리고, 다른 누구는 노래를 잘하고, 이 사람은 다른 사람을 즐겁게 해 주는 능력이 있고, 저 사람은 운동을 잘한다. 이것도 개인차이다. 그러므로 개인차는 그 사람만의 독특함을 만들어 낸다. 사람들이 다 똑같으면 이 세상은 얼마나 재미가 없을까? 유재석도 있어야 하고, 박지성도 있어야 하고, 비틀즈도 있어야 하고, 장한나도 있어야 하고, 스티븐 호킹 박사도 있어야 하고, 이은결도 있어야 하고, 빌 게이츠도 있어야 한다. 어느 분야에서든지 자신이 잘할 수 있는 분야에서 최고이면 되는 것이다. 이승엽이 영어를 잘하지 못한다고 뭐라 하는 사람은 없을 것이고, 조수미가 수학을 못한다고 뭐라 할 사람도 없을 것이다. 물론 이들이 영어를 못하는지 수학을 못하는지 나는 알지 못하지만 말이다.

　공부만으로 줄을 세우는 우리나라에서는 외국의 대학입학제도를 이해하기 어렵다. 예를 들어, 하버드에 입학하려면 높은 SAT 성적만이 필요한 것은 아니다. SAT는 1,600점이 만점이지만 만점을 받아도 하버드에 들어가지 못하는 사람이 있는가 하면 1,300점으로도 입학하는 사람이 있다. 그것은 얼마나 자기만의 독특함을 보이느냐에 달린 것이다. 이것이 결국 얼마나 개인차를 드러내 보이느냐인 것이다. 우리나라에서 외고를 다니고 하버드에 입학한 학생의 경우를 살펴보면, 그는 SAT가 만점이고, 고등학교 시절에 수단대사관에서 봉사활동,

유네스코 주최 세계철학대회에서 한국대표로 출전, 교회에서 클라리넷 연주 봉사, 외국인 근로자에게 한글 가르치기 등의 활동을 했다고 한다.[2] 이런 학생은 세계 어디에서도 찾아보기 힘들 것이다. 오히려 하버드에서 이 학생을 뽑지 않을 이유를 열거하기가 힘들 지경이다.

개인차와 관련하여 알아 두어야 할 두 가지 주요사항이 있다. 하나는 개인차를 인정하면 자녀에 대한 기대수준이 달라진다는 점이다. 자녀를 키우면서 대부분의 부모는 기대를 하게 된다. 물론 이는 자연스러운 일이지만, 문제는 그 기대가 얼마나 현실적이냐 하는 점이다. 자녀에 대해 기대를 하지 말라는 말이 아니라, 자녀의 수준에 맞는 기대를 하자는 것이다. 가끔 부모 마음대로 자녀에 대한 목표를 세워 놓고 그것이 제대로 실현되지 않으면 실망하는 모습을 보게 된다. 예를 들어, 중학교 3학년인 자녀에게 하루에 한자를 1,000개 외우도록 목표를 세우면 그 목표가 달성될 가능성은 거의 없다. 자녀에 따라 하루에 10개를 외울 수 있는 아이도 있고, 2개만 외울 수 있는 아이도 있고, 50개씩 외울 수 있는 아이도 있다. 그러니 자녀의 능력에 맞춰 목표를 세워야 한다는 것이다. 부모가 합리적인 기대를 하게 되면 실망할 가능성이 적다. 대신 가끔 그 기대를 넘어서게 되면 그만큼 기쁨도 크다.

흥행에는 실패했고 그리 좋은 영화라고도 생각되진 않지만 〈뻔뻔한 딕엔제인〉이라는 영화를 본 적이 있다. 시간 때울 요량으로 아무 기대 없이 본 영화였는데, 생각보다 꽤 괜찮았다. 아마 기대하지 않고 봤기 때문에 그런 것 같다. 여러분도 이런 경험이 있을 것이다. 기대하고 보러 간 영화에 실망하고, 기대하지 않았던 영화에 감동한 경험 말이다. 그 차이는 아마도 영화에 대한 자신의 기대수준에 따른 차이 때문이 아닌가 싶다.

다른 하나는 자녀를 비교하지 말라는 것이다. 주위를 보면 왜 그리 잘난 자녀를 둔 사람이 많은지, 형제간에도 어쩜 그리 다른지 모르겠다. 그러다 보면 자연히 자신의 자녀와 비교하게 되고, 결국 속이 상하고 화가 난다. 그것은 대부분 고스란히 자녀에게 되돌아간다. 영문도 모르고 아이는 상처를 받는 것이다. 세상에는 자신에 의해 통제가 가능한 일이 있고, 그렇지 않은 일이 있다. 통제 가능한 일을 제대로 하지 못하면 반성하고 다음부터 열심히 하면 된다. 그러나 자신이 통제할 수 없는 일을 하지 못했다고 야단을 맞으면 열등감에 빠지고 무기력해질 수밖에 없다.

어떤 경우에는 비교한 것이 아닌데도 아이가 상처받을 수 있다. 몇 년 전 들은 이야기인데, 한 엄마가 자신의 자녀 앞에서 친구와 다른 친구의 딸 얘기를 했다고 한다. 그 딸은 공부를 잘해서 아이비리그 대학에서 경제학으로 박사학위를 받아 일본의 유명한 대학의 교수로 갔다고 말이다. 그랬더니 그 말을 들은 자신의 초등학생 딸아이가 울더란다. 왜 우냐고 했더니, 자기는 그 언니처럼 공부를 못해서 미안하다고, 엄마의 훌륭한 딸이 되지 못해서 정말 미안하다고 하면서 울더란다. 초등학생이라면 아이비리그 대학에서 경제학으로 박사학위를 받는 일이 얼마나 힘든지 알지 못할 것이고, 콧대 높은 일본의 유명한 대학의 경제학과 교수가 되는 것이 얼마나 대단한 일인지 잘 알지도 못할 것이다. 그저 느낌만으로 대단하다고 생각했을 것이다. 또 자신이 비교당하지도 않았는데, 부모에 대한 미안함으로 그 어린 나이에 울고 말았던 것이다.

개인차를 인정하면 자녀에게 상처 혹은 스트레스를 주지 않을 수 있다. 개인차를 인정한다는 것은 자녀를 있는 그대로 수용한다는 의미이다. 우리 아이는 공부를 잘할 수도 있고 못할 수도 있지만, 분명 다른 무언가는 잘할 것이다. 또한 우리 아이는 무언가를 원할 것이다. 아이가 잘할 수 있고 원하는 것을 찾아 주는 것이 부모가 할 일이다. 자신의 자녀에 대해 잘 알지도 못하면서 부모의 기준으로 기대하거나 비교하지 말자. 자녀의 개인차를 인정하면, 자녀의 독특함을 발견할 수 있다. 해외유학을 보내는 이유가 무엇인가? 여러 이유 중 하나는 아이가 인정받고 칭찬받으면서 맘껏 공부할 수 있는 환경을 만들어 주기 위해서가 아닌가? 결국 그 아이의 개성과 독특함을 인정받으려는 것이다. 그런데 학교에서 받는 상처나 스트레스만으로도 힘든 아이들에게 왜 부모인 나까지 상처와 스트레스를 주는가?

『민사고 부모들의 특별한 자녀교육법』에서 기억할 만한 내용이 있다. 그
것은 아이들을 믿고 기다려 주자는 것이다. 나는 이 이야기를, 그렇게 하면 아이
들이 다 민사고에 간다는 얘기가 아니라 그 아이가 자신의 개성을 꽃피울 수 있
다는 뜻으로 해석하고 싶다. 이 세상에 하나뿐인 나의 자녀가 된다는 말이다. 세
상에 단 하나뿐인 나의 자녀로 인해, 보다 좋은 세상이 되리라 믿는다.

＊　　개인차를 인정하면 자녀에게 상처 혹은 스트레스를
주지 않을 수 있다. 개인차를 인정한다는 것은 자녀를 있는
그대로 수용한다는 의미이다. 아이가 잘할 수 있고 원하는
것을 찾아 주는 것이 부모가 할 일이다. 자신의 자녀에 대해
잘 알지도 못하면서 부모의 기준으로 기대하거나 비교하지
말자.

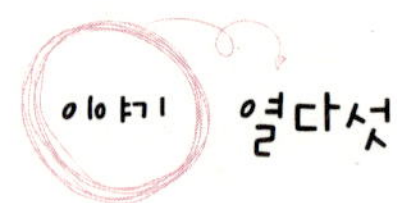

꿈을 갖는 것
자체가 아름답다

딸이 아주 어렸을 때, 국제변호사인 딸을 둔 사람을 몇 명 보았는데 참 좋아 보였다. 그래서 나도 딸을 국제변호사로 키우는 꿈을 가졌었다. 딸아이의 적성이나 꿈은 생각조차 하지 않는 채 말이다. 그러나 지금은 그것이 얼마나 허망한 일인지를 잘 안다. 그 꿈은 나의 꿈이지 딸아이의 꿈은 아니기 때문이다.

우리 아이가 초등학교 다닐 때의 일이다. 어느 날 딸아이가 심각한 표정으로 이제야 자기가 하고 싶은 일을 발견했다고 했다. 반갑고 기특한 마음에 그것이 무엇이냐고 물었더니, 아이는 포켓몬 트레이너라고 했다. 자기는 이 세상에서 그 무엇보다도 포켓몬 트레이너가 되고 싶다고 했다. 포켓몬 트레이너라는 직업이 생소하게 들리는가? 사실 지금 지구상에는 그런 직업이 없다.

포켓몬스터(포켓몬)는 1995년 일본에서 초등학생용 오락게임의 주인공으로 등장한 이후 텔레비전, 만화, 영화, 캐릭터상품 등으로 만들어졌다. 말 그대로 '주머니 속의 괴물' 이란 뜻인 포켓몬스터는 스스로 빠른 속도로 진화를 거듭하며 그 종류에 따라 다양한 힘을 발휘한다. 포켓몬의 대표적인 괴물(?)로는 '피카츄' 가 있다. 포켓몬 트레이너는 그 가상의 괴물을 훈련시키는 사람을 말한다. 궁극적으로 이들은 151개의 포켓몬을 획득한 포켓몬 마스터가 되고자 한다. 포켓몬 트레이너의 꿈을 가지게 된 딸아이는 열심히 151개 포켓몬의 이름과 기능을 암기했다.

아이가 포켓몬 트레이너가 되고 싶다는 말을 들었을 때, 부모는 어떤 마음일까? 그저 어린아이니까 그러려니 하고 그냥 지나칠까? 아니면 말도 안 되는 얘기라고 화를 낼까? 나는 솔직히 어이가 없었다. 아무리 초등학생이라고 하지만 이렇게 현실감이 없을 수가 있나, 하는 생각이 들었다. 아직 너무 순수하기 때문이라고 생각하는 게 옳은 것인지. 바로 그때, 제롬 데이비드 셀린저의 『호밀밭의 파수꾼』이라는 소설이 생각났다. 그 소설의 주인공인 콜필드는 다음과 같이 말한다.

호밀밭의 파수꾼이 되고 싶은 것이 전부라는 자녀가 이해되는가? 자녀가 포켓몬 트레이너나 호밀밭의 파수꾼이 되고 싶다고 하면 적어도 대부분의 대한민국 부모는 아니라고 말할 것이다. 심한 경우, 내 눈에 흙이 들어가기 전에는 안 된다고 할지도 모른다. 그렇다면 우리의 부모들은 자녀가 어떤 사람이 되기를 원할까? 과거나 지금이나 자녀로부터 의사나 판검사가 되고 싶다는 말을 듣기 원할 것이다. 요즘 교사도 대우를 받으니 그것도 좋아할 것이다. 과거보다는 부모가 인정하는 직업이 많아졌다. 돈을 많이 번다는 펀드매니저도 좋고, 국빈 대우를 받는 반기문 유엔사무총장처럼 국제무대에서 활동하는 것도 좋고, 유명해지기만 한다면 연예인처럼 좋은 직업도 없다고 생각할 것이다. 예체능에 소질만 있으면 전력을 다해 밀어 주려는 부모도 많다. 하지만 포켓몬 트레이너나 호밀밭의 파수꾼은 앞에 열거한 것들과는 다르다. 요즘 청소년들의 최대 희망인 폐인 되기도 부모가 보기에는 이상하기만 하다.

부모의 생각과 자녀의 생각이 다를 수는 있지만 요즘에는 그 차이가 크고, 아이들은 부모가 용납하기 힘든 꿈들을 가지는 경우가 많은 것 같다. 예를 들어, 과거에는 아이들에게 커서 무엇이 되고 싶냐고 물으면, 여자 아이들은 미스코리아나 현모양처, 남자 아이들은 장군이나 대통령이라고 답했다. 부모들의 입장에서 볼 때, 그런 아이들의 꿈은 나쁘지 않았다. 오히려 부모가 그런 아이들의 꿈이 이루어지기를 바랐을지도 모르겠다. 그러나 현재 청소년 자녀의 꿈은 부모에게 낯설기만 하다. 그 이유는 부모가 살았던 과거 시대와 청소년 자녀가 살고 있는 현 시대가 다르기 때문이다. 청소년을 외계인으로 만든 그 시대 말이다.

우리가 성장할 무렵에는, 지금과 비교할 때 상대적으로 부모로부터 독립적이었다. 스스로 알아서 공부도 하고 생활도 했다. 우리는 부모보다 좋은 환경에서 태어나 부모보다 경제적으로나 문화적으로 윤택하게 살았다. 물론 우리 자녀인 지금의 청소년과 비교하면 형편없는 환경일지 모르지만, 우리의 부모 세대와 비교하면 훨씬 형편이 나았다. 우리는 그런 생활을 위해서 열심히 노력했고, 노력한 만큼의 결과를 얻을 수 있었다. 그러나 지금의 청소년은 우리와 다르다. 이들은 우리보다 더 좋은 환경에서 태어나 살았기 때문에 그들이 누리는 좋은 환경의 고마움을 잘 모른다. 지금의 생활에 충분히 만족하기 때문에 무엇을 위하여 노력하기도 싫어한다. 이런 환경에서 NEET(Not in Education, Employment or Training)족이나 캥거루족이 등장한 것은 놀라운 일이 아니다. 또한 이들은 자기주장과 개성이 강하다. 자신을 잘 알아서 자신에게 맞는 것이 무엇인지를 인지하고 있고 옳다고 생각하면 자신의 주장을 굽히지도 않는다.

지금 고등학생인 우리 아이의 꿈은 더 이상 포켓몬 트레이너가 아니다. 디자이너, 그것도 만화 캐릭터 디자이너이다. 어릴 때 꿈이 현실적인 방향으로 진화한 것이다. 지금 딸아이의 꿈에 대해 나는 만족하고 있다. 적극 후원할 생각이다. 지난날 딸에 대한 내 꿈은 국제변호사였다. 딸이 아주 어렸을 때, 국제변호사인 딸을 둔 사람을 몇 명 보았는데 참 좋아 보였다. 그래서 나도 딸을 국제변호사로 키우는 꿈을 가졌었다. 딸아이의 적성이나 꿈은 생각조차 하지 않는 채 말이다. 그러나 지금은 그것이 얼마나 허망한 일인지를 잘 안다. 그 꿈은 나의 꿈이지 딸아이의 꿈은 아니기 때문이다.

부모 세대의 입장에서 보면 어떨지 모르지만, 요즘 청소년 세대의 입장에서 볼 때 딸아이는 꽤 괜찮을 것 같다. 청소년들 사이에서 인기가 있으려면 과거처럼 공부를 잘하는 것이 중요한 것이 아니라 패션, 만화, 디카를 잘 알아야 한다고 한다. 그런 면에서 딸아이는 유리한 입장이다. 만화야 캐릭터 디자이너가 되고 싶을 정도이니 잘 알 것이고, 디카 사용도 디자이너에게 중요하니까 잘 다룰 것이며, 패션 센스 또한 뛰어나다. 그러니 요즘 세대의 입장에서 보면 꽤 괜찮은 청소년인 것이다.

그런데 가만히 보면 변화에 대한 적응력은 남자가 여자보다 떨어지는 것 같다. 대부분의 가정에서는 엄마보다 아빠가 보수적이며, 자녀의 꿈에 대해서도 마찬가지이다. 우리 집도 별반 다르지 않아서 아이의 아빠는 디자이너가 되고 싶은 딸의 꿈을 마지못해 인정하는 것 같다. 다시 말해 디자이너까지는 수용해도 만화 캐릭터 디자이너는 아니지 않냐는 생각이다. 그래서 요즘도 자꾸 딸에게 자동차 디자이너가 되면 어떻겠느냐고 말하지만 어림도 없는 소리다.

요즘 이런 생각을 한다. 꿈은 이루어질 수도 있고 이루어질 수 없기도 하다. 우리도 한때는 미스코리아나 대통령을 꿈꾸었으나 지금 실제로 미스코리아나 대통령이 된 사람은 불과 몇 명이다. 어릴 적 꿈을 이룬 사람은 매우 적다는 말이다. 꿈은 성장하면서 바뀌기도 한다. 여기서 중요한 것은 무엇이 되는 것보다 무엇이 되고 싶다는 마음을 가지는 것이라고 생각한다. 꿈을 갖는다는 자체가 아름답다는 것이다. 꿈은 그 사람의 희망이고 목표이며 원동력이다. 꿈이 없다면 과연 사람은 무엇으로 살 수 있을까?

✤　　중요한 것은 무엇이 되는 것보다 무엇이 되고 싶다는 마음을 가지는 것이라고 생각한다. 꿈을 갖는다는 자체가 아름답다는 것이다. 꿈은 그 사람의 희망이고 목표이며 원동력이다. 꿈이 없다면 과연 사람은 무엇으로 살 수 있을까?

'된사람'이 인정받는 사회로

여섯 자녀 모두를 하버드대와 예일대에서 공부시키고, 미국사회 주류에서 활동하도록 키워 낸 훌륭한 어머니로 잘 알려진 전혜성 씨가 있다. 그가 자녀에게 강조한 것은 공부를 열심히 하라는 것이 아니라 덕승재(德勝才), 즉 '덕이 재주를 앞서야 한다(Virtues over skills)'였다고 한다.

학창시절, 월요일 조회시간에 누구나 한 번쯤 들어 봤을 교장선생님의 말씀으로 난사람, 든사람, 된사람 이야기가 있다. 물론 한 번밖에 듣지 못한 사람도 있을 테고, 나처럼 여러 번 들은 사람도 있을 것이다. 요즘에는 어떨지 몰라도, 과거에는 그 정도로 이 이야기가 선생님들이 학생들에게 꼭 해 주고 싶은 이야기였음을 의미한다. 즉, 이 이야기가 전달하고자 하는 메시지가 중요했다는 것이다.

'든사람'은 많이 배워서 지식이 많은 사람, '난사람'은 재주나 능력이 있어 이름을 널리 떨친 소위 출세한 사람, '된사람'은 인격이 훌륭하고 덕이 있어 됨됨이가 올바른 사람이다.[1] 이 세 유형의 사람이 합해지면 완벽한 사람이라고 할 수 있겠지만, 이 중에서 가장 중요한 것을 선택하라고 하면 나는 된사람이라 말하고 싶다. 물론 나의 이런 선택을 비웃는 사람도 있을 수 있다. 된사람이 최고라고 하는 것은 요즘 우리 사회에서 중요시하는 사람의 유형과 거리가 있을 수도 있기 때문이다.

우리 사회에서는 난사람이나 든사람을 된사람 우위에 놓는 경향이 있다. 학교교육에서도 든사람을 만들려고만 노력하는 것처럼 보인다. 무슨 짓을 하든지 이름을 날리게 되면 난사람이 되고, 우리는 그들을 매우 부러워한다. 학교나 사회뿐 아니라 가정에서도 부모는 자녀에게 훌륭한 사람이 되라고 하지만, 그 훌륭한 사람의 의미가 대부분 난사람이나 든사람이지 된사람인 경우는 드물다. 이렇게 된사람은 가정, 학교, 사회에서 모두 버림받고 있는 실정이다. 된사람이 푸대접받는 사회에서 나타날 수 있는 부작용은 다양하다. 그중 세계학술대회에

---

1 중앙일보(2007. 1. 19), 「정진홍의 소프트파워」 든사람, 난사람, 된사람

서 발표하여 주목을 끌었던 사례로, 부모를 때리는 패륜아가 있다. 이들이 어떻게 성장할지는 알 수 없으나 명확한 한 가지는 된사람으로 성장할 가능성은 적다는 것이다. 이들은 든사람이나 난사람이 될 수는 있어도 된사람은 될 수 없다.

〈굿 윌 헌팅〉이라는 영화를 재미있게 본 적이 있다. 수학에 천재적인 재능을 가졌으나 과거의 어두운 상처를 가진 주인공과 그를 보듬어 주는 상담자(로빈 윌리암스 분)와의 우정을 그린 영화였다. 그 영화에서 시어도어 카친스키라는 인물에 대한 내용이 잠깐 나온다. 천재인 윌 헌팅을 상담자에게 소개해 준 수학교수가 윌 헌팅을 사회로 내보내자고 하자, 아직 그 시기가 아니라면서 상담자가 언급했던 인물이다. 시어도어 카친스키는 지능이 160~170로 16세 때 하버드에 입학하여 수학의 천재라 불리던 사람이다. 그러나 그 사람은 후에 유너바머란 이름의 반문명 테러리스트가 되었다. 유너바머란, 대학과 항공사에 주로 폭탄테러를 하는 사람을 뜻한다. 상담자인 로빈 윌리암스의 시기가 아니란 말은, 윌 헌팅이 수학의 천재로서 난사람이고 든사람임에는 틀림없지만 아직 된사람이라고 확신할 순 없다는 의미였다. 윌 헌팅이 난사람과 든사람이지만 된사람이 아닐 경우에는 그가 가진 재능이 시어도어 카친스키의 경우처럼 인류에게 재앙이 될 수도 있음을 말하는 것이다.

역사적으로 볼 때 난사람이나 든사람이 인류에게 위협적이었던 적은 매우 많다. 예를 들어, 히틀러는 적어도 독일국민에게는 난사람일 수 있지만 된사람은 아니다. 그 때문에 그는 2차 세계 대전을 통하여 수많은 사람을 죽음으로 내몰았다. 예전에 아우슈비츠에 가 본 적이 있는데, 다녀온 이후 다신 그곳에 가고 싶지가 않았다. 왜냐하면 마음이 너무 아팠기 때문이다. 아무것도 모르는 채 수많은 유태인들이 그곳에서 죽어 나갔고, 그중에는 어린아이들도 있었다. 한 명의 난사람으로 인하여 죄 없는 이들이 영문도 모르고 죽어 갔던 것이다.

　　중앙일보 논설위원인 정진홍은 중국의 원자바오와 미국의 앨 고어를 된사람으로 꼽았다.[2] 세간에 널리 알려진 원자바오의 오래된 점퍼 이야기며, 촌부가 감사한 마음으로 보낸 사과를 받고 사과 값을 애서 치른 이야기는 원자바오가 된사람임을 알려 준다. 한편, 앨 고어는 든사람이자 난사람이기도 하고 된사람이기도 하다. 그는 하버드대를 우등으로 졸업하고 변호사가 되었으니 든사람이라 할 수 있다. 또 클린턴 행정부 시절 8년간 미국의 부통령을 지냈으니 난사람이라는 점에 아무도 이의가 없을 것이다. 2005년 9월에는 허리케인 카트리나가 뉴올리언스를 강타하자 직접 이재민을 구하는 데 나섰으니, 그는 된사람임이 분명하다.

　　여섯 자녀 모두를 하버드대와 예일대에서 공부시키고, 미국사회 주류에서 활동하도록 키워 낸 훌륭한 어머니로 잘 알려진 전혜성 씨가 있다. 그가 자녀에게 강조한 것은 공부를 열심히 하라는 것이 아니라 덕승재(德勝才), 즉 '덕이 재주를 앞서야 한다(Virtues over skills)'였다고 한다. 난사람의 재주가 아무리 뛰어나도 덕이 없다면 그 재주가 세상에 옳게 쓰이지 못한다는 것은 히틀러의 예에서도 알 수 있다. 그러므로 전혜성 씨의 말은 우리 모두가 깊이 새겨야 하는 귀중한 명언이라고 생각한다.

　　이 세상엔 정말이지 든사람도 많고 난사람도 많지만, 된사람은 드물다. 바로 이 된사람을 만들어 내는 것이 우리 사회의 책임이자 학교의 책임이며, 가정의 책임이다.

2　중앙일보(2007. 1. 19), 「정진홍의 소프트파워」 든사람, 난사람, 된사람

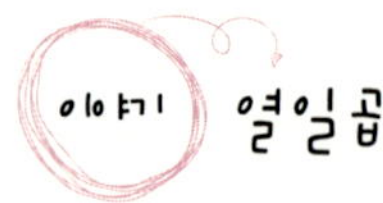

기다리면 얻을 수 있는 것들

자녀가 모델학습을 통해 부모의 여유로움을 학습한다면, 자녀는 매사에 한 걸음 물러서서 신중하고 합리적으로 판단하는 법을 배울 수 있을 것이다. 어떤 위급한 상황에서도 당황하거나 서두르지 않고 판단하여 행동하면 그 상황을 현명하게 헤쳐 나갈 가능성이 많다.

우리는 자녀에 대해서 매우 조급한 마음을 갖는 것 같다. 아이가 한글을 읽을 때가 되었는데 잘 읽지 못하면 불안해하고 뭔가 잘못된 것 같아 마음이 급해진다. 키가 클 때가 되었는데 키가 크지 않아도 불안하다. 예전에 내 친구는 남편과 자기 모두 키가 큰 편인데 딸의 키가 크지 않은 것 같아 조바심을 내더니 결국 성장클리닉에 딸을 데려갔다. 그때 아이가 초등학교 6학년 무렵이었는데 초경이 시작돼 별 소용이 없다고 해서 키에 대한 조치를 취하지 못했다. 그런데 지금 대학생이 된 친구 딸의 키는 170㎝이다. 아무것도 하지 않았는데도 말이다. 만일 그때 내 친구가 딸한테 뭔가 조치를 취했다면 어떻게 되었을까?

초등학교 때의 키만으론 성인기의 키를 예측하기 어렵다. 즉, 초등학교 때 키가 컸다고 해도 성인이 되어서는 크지 않을 수 있고, 초등학교 때 키가 작았다고 성인이 되어서까지 계속 작으리라는 법은 없다. 나는 중학교 때까지는 키가 큰 편에 속했다. 중학교 1학년 때 키 순서대로 번호를 정했는데 69명 중 61번이었다. 친한 친구들도 번호가 40번 이후인 경우가 대부분이었다. 그런데 30여 년이 지나 중학교 1학년 반 친구들을 여러 명 만나게 되었는데, 그 당시 3번이었던 친구나 10번대의 친구나 내 키나 다 비슷비슷해져서 다소 충격을 받았던 기억이 있다.

자식을 잘 키워 명문 고등학교나 대학교에 보낸 경험에 대해 책을 낸 대부분의 엄마들은 공통적으로 이렇게 이야기한다. 어렸을 때 그냥 책을 많이 읽게 했다고 말이다. 특별히 공부를 시킨 적은 없는데 어릴 적부터 책읽기 좋은 환경을 조성해 주고, 책읽기 습관을 붙여 주었더니 나중에 아이가 공부도 잘하더라고 말이다. 자녀를 공부로 성공시키고 싶은 많은 엄마들은 그 말을 믿기 어려울 것이다. 그럼 공부는 언제 시키느냐고 반문할지도 모른다. 빨리빨리 많은 것을 가르쳐야 자녀가 공부를 잘할 것으로 생각하기 때문이다.

　이 세상에는 두 가지 유형의 부모가 있는 것 같다. 하나는 자녀에 대해 느긋한 유형의 부모이고, 다른 하나는 조급한 유형의 부모이다. 자녀교육이 성공할 확률은 느긋한 유형의 부모가 높을 것이다. 왜냐하면 자녀가 실수를 하더라도 관대하게 넘어갈 것이고, 자녀 스스로 할 때까지 기다려 주는 여유가 있기 때문이다. 교육의 효과는 즉시적이 아닐 수도 있다. 오죽하면 교육을 백년대계라고 하겠는가. 앞서 말한 책을 낸 엄마들은 자녀에 대해 느긋했을 가능성이 많다. 그냥 책을 읽는 것이 공부에 무슨 도움이 되었을까 싶지만 사실 알고 보면 모든 독서는 공부의 근본이 된다. 책을 읽음으로써 내용을 파악하고 이해하는 능력이 서서히 길러졌을 것이고, 이런 능력은 무엇을 공부하든지 꼭 필요하다.

　그럼에도 엄마들은 조급증을 가진다. 조급한 유형의 부모들은 자녀가 무엇인가를 하고 있지 않으면 불안하다. 그리고 그에 대한 결과도 바로바로 나오지 않으면 답답해한다. 그 과정에서 부모는 스트레스가 쌓이고, 그 스트레스는 고스란히 자녀에게 전달되어 자녀도 힘들게 된다. 그런 환경에서 자란 자녀가 사춘기가 되면 반항하는 청소년이 되기 쉽다. 사람은 모두 같지 않아서 빨리 많은 것을 이루는 사람이 있는가 하면 대기만성형의 인간도 있다. 조급한 유형의 부모들은 대기만성형의 자녀를 좌절시킬 수 있을 뿐만 아니라 평상시에도 자녀들에게 많은 스트레스를 줄 것이다.

　이 두 유형의 부모를 보면 바움린드가 제기한 부모의 양육방식이 떠오른다. 원래 바움린드는 온정성의 정도와 통제 및 자율성의 정도에 따라 네 가지 양육방식을 소개했다. 그중 느긋한 유형의 부모는 온정성과 통제 및 자율성이 높으며, 권위 있는 혹은 민주적 양육방식으로 자녀를 양육하는 부모와 비슷하다고 할 수 있다.

　　부모는 기다릴 줄 알아야 한다. 지금은 자녀가 옳지 않은 길을 가더라도 언젠가는 제자리로 돌아올 것을 믿고 기다려 줄 수 있어야 한다. 지름길을 놔두고 돌아간다 해도 그것을 알려 줄 뿐 자녀가 원하면 돌아가도록 해 주어야 한다. 누가복음에는 돌아온 탕자에 관한 이야기가 나온다. 렘브란트는 그 이야기를 바탕으로 돌아온 탕자를 그렸다. 그 그림을 보고서 나는 부모란 언제든지 자녀를 기다릴 수 있다고 생각했다. 왜냐하면, 사랑하기 때문이다.

　　부모는 여유를 가지고 기다릴 필요가 있다. 그렇게 하면 두 가지 좋은 점이 있다. 하나는 자녀에게 관대해진다는 점이다. 부모가 관대해지면, 자녀는 자신의 잘못이나 실수 때문에 불안해하지 않을 것이다. 실수를 두려워하지 않으면 발전적인 활동들을 많이 할 수 있게 된다. 우리가 외국어를 배울 때도 실수를 두려워하지 않고 적극적으로 하는 사람이 외국어를 빨리 배운다고 하지 않는가. 또한 자녀를 여럿 키운 부모들의 이야기를 들어 보면, 첫째 아이에게는 엄격하게 하지만 둘째 아이부터는 관대하게 키운다고 한다. 그래서인지 둘째 아이는 더 명랑하고 밝고 행복해 보이는지도 모르겠다.

　　다른 하나는 자녀가 부모 모델을 통해 부모의 관대함과 여유로움을 학습할 수 있다는 사실이다. 부모는 자녀에게 직접 모델로서 시범을 보임으로써 자녀에게 관대함과 여유로움과 기다림의 미학을 가르칠 수 있다. 사회학습 이론가인 반두라는 인간이 다른 사람의 행동을 관찰함으로써 학습할 수 있다고 했다. 물론 다른 사람의 행동을 긍정적인 것이라고 인지해야 그 행동을 학습하겠지만, 자녀의 입장에서 볼 때 부모가 여유를 가지고 자신을 기다려 주고, 관대하게 대해 줌으로써 자신이 얼마나 편안하고 안정적인 느낌을 가지는지 생각해 보면 그

것이 매우 좋다고 생각할 것이다.

자녀가 모델학습을 통해 부모의 여유로움을 학습한다면, 자녀는 매사에 한 걸음 물러서서 신중하고 합리적으로 판단하는 법을 배울 수 있을 것이다. 어떤 위급한 상황에서도 당황하거나 서두르지 않고 판단하여 행동하면 그 상황을 현명하게 헤쳐 나갈 가능성이 많다. 그래서 호랑이 굴에 잡혀 가도 정신만 똑바로 차리면 산다는 말이 있지 않은가. 시험을 볼 때도 갑자기 공부하지 않은 문제가 나와 당황하게 되면 알고 있던 나머지 문제에서도 실수하여 시험을 망칠 수 있다. 그러나 그 상황에서 태연하게 대처한다면 모르는 문제를 풀 순 없을지 몰라도 적어도 아는 문제까지 실수하지는 않을 것이다.

여유를 가지면 합리적으로 판단할 수 있게 된다. 또 여유는 자신감을 키워주고, 매사를 즐길 수 있게도 한다. 여유가 있는 사람은 자신이 있는 사람이다. 공부를 많이 한 사람은 시험 때가 되어도 걱정하지 않는다. 그가 해 놓은 공부가 마음의 여유를 주기 때문이다. 그리고 그 여유는 그 사람에게 자신감을 준다. 상대방이 나를 사랑한다는 것을 확신하면 여유가 생기고, 그래서 자신감이 생기는 경우도 마찬가지다. 아마 연인들이 사랑을 확인하고 싶어 하는 것은 마음의 여유를 가지고 싶어서인지도 모르겠다. '너는 뛰어 봤자 내 손바닥 안에 있어.' 라고 생각하면 상대방에 대해 관대해질 수 있을 것 같다. 그런데 그것이 안 되면 상대방에 대해 조급해진다.

부모들은 왜 자녀에 대해 느긋함을 가지지 못하는 것일까? 자녀를 느긋하게 기다리지 못하는 대표적인 사람이 바로 나인 것 같다. 정말이지 내가 그렇게 성격이 급한 줄 잘 몰랐었다. 조금만 참으면 될 텐데 그것을 참지 못해서 딸아이에게 모진 소리를 하고, 그 소리는 아이에게 상처를 주었으며, 나는 곧바로 그것을 후회하곤 했다. 내게서 상처받은 아이는 어렸을 때는 아무 말도 못하다가 사춘기가 되면서 나에게 다시 상처를 주었다. 그 시간은 나도 우리 딸아이도 많이 힘들었다. 진정으로 내가 여유를 가지고 기다릴 필요가 있다는 진리를 깨달은 것은 얼마 되지 않았다. 내가 달라지니까 아이도 달라졌다. 우리 아이가 그런 나에게 "그거 봐, 조금만 기다려 달라고 했잖아."라고 하면서 눈을 살짝 흘겼다. 우리 딸을 보면서 이런 생각이 들었다.

'나 정말 엄마 맞아?

부모와 자식 사이는 칼로 물 베기

부모와 자식 사이가 칼로 물 베기일 수밖에 없는 이유는 부모와 자녀가 서로 사랑하기 때문이다.
부모는 자녀를 보는 것만으로도 좋지 않은가? 자녀 또한 부모가 그냥 좋지 않은가?

'부부 사이는 칼로 물 베기' 라는 말이 있다. 칼로 물을 베어 봤자 결국 달라지는 것은 아무것도 없으니 아무리 아옹다옹해도 부부는 부부라는 뜻이다. 그런데 부부 사이 말고 부모와 자식 사이도 칼로 물 베기인 것 같다. 왜냐하면 부모와 자식이란 참 알다가도 모를 사이기 때문이다. 어느 지인으로부터 들은 이야기가 있다. 그분은 중학생인 자녀와 싸우다가 너무 얄미워서 극약처방을 내렸다. 설마 내가 이렇게까지 하는데 자기가 굽히지 않을 수 있겠느냐 싶은 마음으로 짐을 싸 가지고 나가라고 했다는 것이다. 그랬더니 아이가 기다렸다는 듯이 나가더란다. 정작 아이가 나가 버리자, 아까 얄미웠던 생각은 다 사라지고 저녁 때가 다 되었는데 혹시 나쁜 일이나 생기면 어떡하나 하는 생각이 들어서 겁이 나기 시작하더란다. 걱정스런 마음에 아이에게 전화를 했더니 받지 않아서 속만 태우고 있는데, 나중에 전화를 해서 왜 그러느냐고 했단다. 그래서 무조건 아무 말도 하지 말고 집에 돌아오라고 했다고 한다. 아이도 처음에는 왜 나가라고 하더니 그러느냐고 앙탈을 부리다가 알았다고 하면서 집으로 돌아왔다고 한다. 이 모든 것이 불과 40분 동안 일어난 일이었다고 한다. 집을 나가라고 큰소리치다가 자녀가 나간 지 20분도 되지 않아 전화한 엄마나, 엄마가 전화했다고 집 나가던 그 기세는 어디 두고 돌아온 자녀나 둘 다 귀엽기 그지없다. 바로 이런 게 부모와 자식 사이다.

얼마 전, 우리 딸아이의 초등학교 친구 엄마들의 모임에 갔었다. 초등학교 때 운동을 같이 시키면서 자연스럽게 엄마들도 만나기 시작했는데, 그 후 자녀들이 각각 다른 중학교에 진학해도 엄마들은 계속 만나고 있고 고등학교에 가는 이 시점에서도 모임이 계속되고 있다. 아이들은 더 이상 만나지 않아도 엄마들은 만나는 좀 이상한(?) 모임이지만, 오랫동안 만나다 보니 허물이 없어서인지

만나서 자기 자녀 자랑만 하지는 않는다. 이 모임에서는 자녀 흉보기도 잘 한다. 왜 이렇게 아이 키우기가 힘드냐는 말도 서슴없이 나오곤 한다. 결론은 요즘 아이들을 이해하기가 참 힘들다는 것이고 이에 대해 서로서로 공감한다.

그런데 재미있는 것은 처음에는 자녀의 단점이나 흉을 보다가도 마지막에는 그 반대의 말을 하면서 끝이 난다는 것이다. 예를 들어, "우리 ○○는 요즘 좀 신경질을 많이 내기는 하지만 생각해 보니 그 애도 얼마나 힘들겠어. 우리도 힘들면 짜증이 나는데 말이야." "우리 ○○는 내가 기대하는 것만큼 공부를 잘하지 못해서 속이 상하기는 해. 하지만 ○○는 성격이 참 좋아. 어른스럽기도 해. 어떤 때는 오히려 내가 동생 같다니까." 좀 심하면 이런 말도 나온다. "○○는 말이지, 내 딸이기는 하지만 정말 부족한 것이 하나도 없어. 공부도 잘해서 속을 썩인 적이 없어. 착하지, 예쁘지, 말 잘 듣지. 더 이상 바랄 것이 없어."

엄마들이 모여 앉아서 자녀들의 이야기를 할 때, 처음에는 자녀의 부정적인 면을 이야기하다가 나중에는 긍정적인 면에 대해 이야기하는 걸 보면, 로저스의 상담의 단계가 생각난다. 로저스는 처음에 내담자가 보이는 부정적인 감정을 수용하면 나중에는 부정적인 감정 대신 긍정적인 감정이 나타나기 시작한다고 했다. 그리고 부정적인 감정과 마찬가지로 긍정적인 감정도 수용해 주면 내담자에게는 자기통찰이 나타난다고 했다. 모임에 나온 엄마들이 상담을 받는 것은 아니지만 자녀에 관해 이야기하는 것을 들어 보면, 로저스의 상담의 단계에 얼마나 잘 맞춰 반응하는지를 알 수 있고 참 신기하기까지 하다. 즉, 처음에는 자녀에 대한 비난을 하고 그 다음에는 칭찬을 한다. 그러고 나면 자녀의 잘못된 행동 혹은 자신이 비난했던 행동이 반드시 자녀만의 잘못이 아니고 자신에게도 책임이 있다는 결론을 내리면서 앞으로는 자녀에게 잘해 줘야겠다는 다짐으로 마무리한다. 엄마들은 참 훌륭하고 똑똑한 학습자인 것 같다.

　　부모와 자식 사이가 칼로 물 베기일 수밖에 없는 이유는 부모와 자녀가 서로 사랑하기 때문이다. 부모는 자녀를 보는 것만으로도 좋지 않은가? 자녀 또한 부모가 그냥 좋지 않은가? 요즘 유행하는 배슬기의 '말괄량이'라는 노래를 들어 보면 가사에 이런 말이 있다. '넌 내 어디가 좋은 거니 솔직히 말해/너의 전부가 다 좋다는 그런 식은 싫어/tell me that you love 내 몸매가 좋아/tell me that you love 내 얼굴이 좋아/tell me that you love 나의 긴 머리가 좋아/우리 솔직해 볼까.' 요즘 젊은 사람들은 구체적으로 꼭 집어서 말하기를 좋아하는 것 같지만 부모 세대에서는 아직 그런 것이 서툴다. 그냥 다 좋다. 내 아이니까 그냥 다 좋다는 말이다. 좀 모자란다고 해도 할 수 없다. 고슴도치도 제 새끼가 예쁜데 하물며 사람이야 오죽하겠는가?

　　얼마 전 라디오 방송에서 김구라 씨가 이런 말을 했다. 이전에는 아이가 초등학교에 가면 예쁘지 않을 줄 알았는데 여전히 예쁘다고 하면서, 아마 중학교에 가면 예쁘지 않을 것이라고 했다. 그런데 내 경험으로 보면 아이가 중학교에 가도 예쁘다. 아마 고등학교, 대학교를 가도 예쁠 것 같다. 우리 할머니는 지금 90세가 훨씬 넘으셨는데 아직도 70세가 넘은 우리 친정아버지를 예뻐 하신다. 옛날에는 이해가 되지 않았는데 지금은 이해할 수 있다. 부모에게 자식은 언제나 예쁜 존재인 것이다.

　　참 신기한 것은, 이렇게 사랑하면서도 왜 가끔씩 부모인 나는 아이 때문에 속이 상할까? 왜 아이에 대해서 화가 날까? 왜 아이가 얄미워 보일까? 하는 것이다. 그건 두 가지 이유 때문인 것 같다. 하나는 내가 욕심이 너무 많아서 아이에게 기대를 너무 크게 한 탓이다. 다른 하나는 내가 아이를 잘 이해하지 못해서이다. 이 두 이유는 서로 상관이 있다. 자녀에 대해 제대로 이해하지 못하니까 당연히 자녀에게 맞지 않는 기대를 하게 된다. 물론 욕심이 자꾸 생기다 보니 무리한 기대를 하게 되겠지만, 사실 부모의 입장에서는 그것이 무리한 것임을 깨닫지 못하기 마련이다.

부모 세대의 입장에서 보면, 요즘 세상은 참 기회도 많고 여유도 있고 풍요롭다는 생각이 든다. 부모 세대가 어렸을 때는 우리나라가 경제적으로 참 어려웠었다. 요즘처럼 일부가 경제적으로 어려운 것이 아니라 대부분의 사람들이 힘들게 살았다. 그런 환경 탓에 하고 싶은 게 있어도 못하고 살아온 사람들이 대부분이고, 그때 그런 것들을 배웠으면 참 좋았겠다는 생각을 많이 한다. 또 살아 보니까 이런 사람이 됐으면 좋겠다는 생각도 많이 한다. 이렇다 보니 부모들은 자녀에 대해서 욕심을 부리게 된다. 그리고 자녀가 자신의 뜻에 부응하지 못하면 자기 맘을 몰라주는 것 같아 화가 나고 속이 상한다.

부모의 마음은 충분히 이해가 간다. 나도 부모이고, 나도 그런 적이 한두 번이 아니니까 말이다. 그런데 부모들이 간과하고 있는 것이 하나 있다. 그것은 자녀의 인생은 자녀의 것이지 나의 것이 아니라는 사실이다. 부모인 내가 보기에는 이렇게 하면 좋은데, 그것은 나의 맘이고 내가 원하는 것이지, 자녀의 맘은 다를 수 있다는 것이다. 내가 좋다고 해서 다른 사람도 좋아하는 것은 아니다. 한 예로, 우리 학교에 삶은 달걀을 좋아하는 선생님이 있는데, 그 선생님은 삶은 달걀뿐만 아니라 삶은 메추리알도 좋아한다. 밥을 먹으러 가서 삶은 메추리알이 나오면, 그 선생님은 다른 맛있는 반찬을 다 제쳐 두고 삶은 메추리알 먹기를 권한다. 처음에는 왜 먹기 싫은 메추리알을 권하는지 몰랐다. 왜냐하면 나는 메추리알을 싫어하기 때문이다. 그 선생님이 삶은 메추리알을 권할 때마다 거절하기가 난감했다. 나중에 그 선생님이 삶은 메추리알을 매우 좋아한다는 것을 알게 되었고, 선생님이 나한테 그것을 권한 것은 대단한 배려 내지는 양보였음을 알고 한참을 웃었다.

이런 일도 있었다. 미국에서 공부할 때, 한국에서 친척이 놀러와 디즈니랜드에 가고 싶어 해서 안내를 했다. 나도 그 전에 디즈니랜드를 몇 번 가 보았는데 갈 때마다 하루 만에 디즈니랜드를 다 둘러볼 수가 없었다. 그런데 우리가 간 날은 웬일인지 좀 한가했다. 그래서 이번에는 디즈니랜드의 모든 것을 하루에 보여 주리라 생각하고 이리저리 정신없이 뛰어다녔다(요즘에는 디즈니랜드가 넓어져서 아무리 사람이 없어도 하루에 다 보기는 무리라고 한다). 그 결과, 그날 하루 동안 디즈니랜드에서 중요한 것은 다 보았고, 그 친척에게 최선을 다해 디즈니랜드를 보여 줘서 뿌듯한 마음까지 들었다. 그런데 나중에 들려오는 말로, 그 친척은 디즈니랜드에서 기분이 좋지 않았다고 한다. 자기는 바쁘게 다니는 것도 싫고 디즈니랜드를 꼭 다 둘러봐야 하는 것도 아니어서 가게들 중심으로 구경하고 싶었는데 그러지 못했다는 것이다. 그때 나는 여유 없는 유학생이어서 디즈니랜드에 있는 가게를 구경한다는 생각은 못했기 때문에 그 친척이 쇼핑을 원한다는 사실을 정말 몰랐다.

이 이야기들은 부모가 좋아하는 것이 자녀에게도 다 좋은 것만은 아닐 수 있다는 것과 의미가 통한다. 만약 이 말이 맞다고 생각한다면, 자신이 혹시 유아기 수준의 자아중심성에 머물러 있지는 않은지 그동안의 일들을 돌이켜 봐야 하지 않을까!

행복이 대세다

꼭 공부를 잘해야 하는 것도 아니고 꼭 좋은 대학을 가야 하는 것도 아니다. 좋은 직장이라는 것도 생각하기 나름이고 좋은 배우자에 대한 기준 역시도 부모가 생각하는 것과 조금 다를 수 있다. 중요한 것은 자기가 좋아하고 즐거운 일을 하며 살아가는 것이다.

우리나라 청소년들이 부모한테 가장 많이 듣는 말은 "공부해라."라고 한다. 우리나라 부모들이 자녀에게 가장 바라는 것이 학업성취인 반면, 독일, 일본, 스웨덴의 부모들은 자녀의 행복이라는 연구결과가 나왔다.[1] 그러나 우리나라의 부모들이 자녀에게 공부하라고 하는 것은 학업성취가 자녀의 행복과 밀접한 관련이 있다고 생각하기 때문이다. 결국, 이러한 부모들의 학업성취 기대는 자녀의 행복을 원하기 때문이라는 것이다.

사실 이 세상의 모든 부모는 자녀가 행복하기를 바란다. 우리는 주위에서 자녀의 행복을 위해 자신을 희생하는 부모를 흔히 볼 수 있다. 부모는 자녀가 행복해지기를 바라기 때문에 안쓰러워하면서도 아침 일찍 자녀를 깨우고 밤늦게까지 공부시킨다. 학교공부로는 부족하다고 생각해서 학원에도 보내고 과외도 시킨다. 자녀가 중학생이 되면 집안의 대소사에 자연스럽게 빠지도록 한다. 다른 가족의 구성원들도 그 아이가 가족모임에 참가하는 것보다 그 시간에 공부하는 것이 더 중요하다는 것을 인정한다. 자녀가 고등학교 3학년이 되면 그 가정은 모든 것이 고3 자녀 중심으로 움직인다. 심지어는 밤늦게까지 공부하는 자녀에게 방해가 될까 봐 금욕하는 부부도 있다고 한다.

그렇다면 우리나라의 청소년은 얼마나 행복할까? 가족들이 자신을 위해 희생한다는 것을 감안하면 이들은 아마 전 세계에서 가장 행복한 청소년들이어야 할 것이다. 영국의 신경제재단(NRF)이 발표한 행복지수(HPI) 1위는 남태평양의 섬나라인 바누아투이다.[2] 들어 본 적도 없는 섬나라 사람들이 이 세상에서 가장 행복하다는 것이다. 그에 비해 우리나라 사람들의 행복지수는 높지 않다. 우

1 동아일보(2007. 4. 19), 한국 청소년 부모와의 관계, 다른 나라와 비교해 보니……
2 한겨레신문(2007. 11. 11), 지구 가장 행복한 곳으로의 초대

리나라 사람들이 별로 행복하지 않다는 말에는 우리나라 청소년들도 행복하지 않다는 의미가 포함된다.

부모는 자녀의 행복을 위해 노력하는데, 정작 자녀가 행복하지 않다면 그 이유에 대해 생각해 보아야 한다. 첫 번째로 생각해야 할 것은 '행복이란 무엇인가?' 하는 것이다. 두 번째는 부모가 생각하는 행복과 자녀가 생각하는 행복 간에 차이가 있는가 하는 것이다.

한마디로 규정지을 수는 없지만 행복은 매우 주관적인 성격을 지닌다. 그것은 왜 이 세상에서 가장 많은 것을 가진 사람들이 가장 행복하지 않고, 오히려 가진 자의 입장에서 볼 때 초라해 보이고 부족한 환경에서 사는 사람들이 행복한가를 설명해 준다. 어떤 사람이 얼마나 행복한지를 알려 주는 것으로 행복지수가 있다. 이것은 문화에 따라 약간씩 다를 수 있지만 한국청소년정책연구소의 연구에 의하면,[3] 한국청소년의 행복지수는 경제적 안녕, 자신에 대한 만족, 안전, 학업성취, 사회적 관계, 정서적·정신적 안녕으로 측정될 수 있다. 우리나라의 부모들이 자녀에게 학업성취만을 강요하는 것은 이들이 행복해지는 데 필요한 여러 요인 중에서 단지 하나만을 강조하는 것이다. 다른 요인들이 충족되지 않은 상태에서 우리 청소년들이 행복하다고 느낄 리가 없다. 그렇다고 학업성취에서 만족하는 것도 아니다. 학업성취는 상대적이다. 특히 우리나라처럼 대학의 입학정원이 정해져 있는 경우, 공부를 그저 잘한다는 것은 아무 의미가 없다. 내가 원하는 대학에 들어갈 수 있어야 의미가 있는 것이다. 많은 청소년들은 자신이 원하는 대학의 학과에 지원조차 할 수 없어서 행복하지 않고, 일부 청소년들

---

3 김신영 · 이경상 · 백혜정(2006), 청소년행복 역량지수 개발연구, 한국청소년 정책개발원

은 공부를 잘하지만 자신이 원하는 학교에 합격할 정도의 실력이 되지 않아서 행복하지 않은 것이 현실이다.

부모 세대가 생각하는 행복은 자녀가 공부를 잘해서 좋은 대학에 가고 좋은 직장에 취직해서 좋은 배우자를 만나 안정된 생활을 하는 것이다. 그러다 보면 자연히 사회경제적 지위도 높아지게 되고 부나 명예도 따를 것이다. 그러나 자녀들이 생각하는 행복은 그런 것이 아닐 수도 있다. 꼭 공부를 잘해야 하는 것도 아니고 꼭 좋은 대학을 가야 하는 것도 아니다. 좋은 직장이라는 것이 생각하기 나름이고 좋은 배우자에 대한 기준 역시도 부모가 생각하는 것과 조금 다를 수 있다. 중요한 것은 자기가 좋아하고 즐거운 일을 하며 살아가는 것이다. 그럴 때 이들은 행복하다고 느낄 것이다. 어느 청소년 동아리 축제에서 청소년 록그룹의 공연을 보았다. 노래 솜씨도 엉성하고 율동도 프로가 아니라는 느낌을 주는 동아리였다. 하지만 노래 부르는 보컬과 기타 치는 두 청소년과 드럼 치는 청소년들 모두는 자신의 노래에 흠뻑 빠져서 무아지경에 이른 것 같았다. 정말로 행복해 보였다.

요즘 우리 학교는 봄 축제 기간이다. 대학축제에서 인기 있는 프로그램 중 하나는 응원제이다. 우리 학교만 특별히 그런 것인지는 모르지만 응원제의 인기는 대단하다. 모든 학과에 응원단이 있고 그 응원단들은 자신들의 기량을 맘껏 뽐낸다. 올해 축제에는 비가 왔다. 응원제 연습을 하는 소리가 들려 창밖을 보니 학생들이 비를 맞으면서 연습하고 있었다. 무대가 오픈된 곳이어서 비를 막을 방법이 없는 상태였는데도 학생들은 아랑곳하지 않고 몇 시간 후 있을 무대를 위해 연습하고 있었다. 그들에게 비는 아무 문제가 되지 않았다. 행복이란 그런 것 같다. 자신이 좋아하는 것에 몰두하면서 살아가는 것 말이다. 잘 하지는 못해

도 스스로 좋아하는 일을 하면, 비가 와서 온몸이 젖고 추위에 떨어도 내가 좋으
니까, 힘들지도 않고 행복하기만 한 것이다.

　　사실 부모 세대로서는 이해하기 어려울 수도 있다. 그러나 곰곰이 자신이
살아온 날들을 돌아보면, 그래서 자기가 언제 그렇게 행복했었는지를 생각해 보

✛　　행복이란 그런 것 같다.
자신이 좋아하는 것에 몰두하면
서 살아가는 것 말이다. 잘 하
지는 못해도 스스로 좋아하는
일을 하면, 비가 와서 온몸이
젖고 추위에 떨어도 내가 좋으
니까, 힘들지도 않고 행복하기
만 한 것이다.

면 이해가 갈 것이다. 자녀가 행복하기를 원하는가? 그렇다면 부모가 변해야 한다. 부모는 사랑하는 자녀를 행복하게 만들 수도 있고 불행하게 만들 수도 있다. 선택은 부모의 몫이다. 은방울꽃의 꽃말은 '틀림없이 행복해집니다' 이다. 이 꽃말처럼 부모는 틀림없이 자녀를 행복하게 해 줄 수 있다.

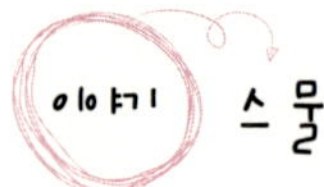

자녀에게
사랑과 관심과 이해를

아무리 영양가 있는 음식을 주고 잘 돌봐 주어도 위탁시설의 아이들이 병에 잘 걸리는 이유는,
그 아이들에게 부족한 것이 있기 때문이다. 그것이 바로 부모의 관심과 사랑이다.

사람은 무엇으로 사는가? 글쎄, 나는 아직 잘 모르겠다. 그렇지만 부모가 무엇으로 사는지는 알 것 같다. 부모는 자녀가 건강하게 성장하는 모습, 자녀가 행복해하는 모습을 보는 낙으로 산다. 한편 자녀는 무엇으로 살까? 부모가 자녀에 대해 생각하는 것처럼 자녀도 부모가 건강하게 사는 모습을 보는 낙으로 살까? 부모가 행복해하는 모습을 보는 낙으로 살까? 아니, 그건 아닐 것이다. 적어도 청소년기의 자녀들이 그런 생각을 하기는 어렵다. 성인이 돼서 가정도 갖고 자녀도 낳아 보면 모를까, 청소년기에는 아니다.

자녀가 부모한테 가장 원하는 것이 무엇인지 아는가? 자녀는 부모의 관심, 사랑, 이해를 원한다. 그러나 부모로서는 이 사실을 잘 모를 것이다. 왜냐하면 부모는 자녀한테 특별히 바라는 것이 없기 때문이다. 자녀가 자신을 사랑한다는 것을 느끼게 해 주면 감사하고 행복하며 사는 보람을 느낄 뿐이지, 그것을 기대하지는 않기 때문이다. 자신을 이해해 주면 기특하고 고마울 뿐, 그리해 주지 못한다 해도 섭섭하거나 원망스럽지는 않다. 물론 일시적으로는 그럴 수 있을지 모르겠다. 본래 부모는 자녀에게 주기만 하는 것에 익숙해 있기 때문에 자녀가 부모에게 무엇을 기대하는지 잘 모르는 경우가 많다. 그래서 부모는 자녀에 대해서 큰 실수를 하고 있는지도 모르겠다.

아들을 미국으로 조기유학 보낸 부부의 이야기를 들었다. 아주 넉넉한 살림은 아니었지만 자식의 미래를 위해 아들이 중학교 때 유학을 보냈다고 한다. 아들은 부모와 떨어져서 열심히 공부했고 미국에서 대학에 진학했다. 부모는 경제적으로 여유가 많지 않았기 때문에 아들의 학비 등을 마련하기 위해 열심히 일했고, 그러다 보니 아들을 보러 미국에 가기가 어려웠으며, 아들도 공부하느라 한국에 자주 오지 않았다고 한다. 아버지는 아들이 대학에 다닐 때가 돼서야 겨우 아들을 보러 갈 수 있었다. 아들의 아파트에서 저녁을 같이 먹게 된 날, 아들이 키우는 고양이가 밥상에 올라와 앉기에 손으로 쫓아냈더니 아들이, 아버지가 무슨 자격으로 내 고양이를 밥상에서 쫓아내냐면서 버럭 소리를 지르더란다. 아버지의 입장에서는 기가 막히는 노릇이었을 것이다. 자신은 부모로서 역할을 다하며 넉넉하지도 않은 살림에 아들을 위해 열심히 일하면서 뒷바라지했으므로, 아들 앞에서 떳떳하다고 생각했을 것이다. 지금 젊은 세대들에 비해 아버지와 같은 부모 세대의 경우엔 애완동물의 개념이 다르다. 집 안에 들이는 경우도 드물거니와 특히 한 밥상에서 밥을 같이 먹는다는 건 상상도 할 수 없는 일이다. 아버지는 무엇이 잘못되었는지 알지 못한 채 큰 충격을 받은 것이다. 그 다음 이어지는 아들의 말은 이 상황을 충분히 설명할 만한 근거를 제공해 주었다. 아들은 화를 내면서, 내가 힘들어할 때 아버지는 어디에 있었느냐고 하더란다. 내가 위로받고 싶고 사랑받고 싶을 때 아버지는 무엇을 했느냐는 말이었다. 하지만 고양이는 그때마다 자신의 옆에서 자신을 지켜 주었다는 것이다. 자기에게 고양이는 부모보다 더 소중한 존재이므로, 그런 고양이를 아버지가 홀대하는 것은 절대로 참을 수가 없다는 것이다.

　　　이 말을 들은 아버지는 어떨지 모르겠지만 나는 아들의 입장이 충분히 이해가 된다. 물론 아버지도 가슴으로부터 이해가 된다. 그런데 정작 그 부자간에는 서로 이해가 힘든 것 같다. 우선 아버지의 입장에서 보면 섭섭함을 넘어 원통하기까지 할 수 있다. 자기가 잘못한 일이 뭐냐고 반문하고 싶을 것이다. 그런데 부모 세대가 생각하는 부모의 역할과 자녀가 생각하는 부모의 역할이 다르다는 점을 알지 못한 것이 그 아버지의 잘못이다. 아버지와 같은 세대인 나는 아버지가 충분히 이해가 간다. 그 시절 부모의 역할은 자식이 공부할 수 있는 여건을 만들어 주는 것이었으니까 말이다. 지금처럼 부모와 자녀가 가깝고 살갑게 사랑하니 마니 하는 말을 주고받는 시절이 아니었기 때문에, 그 아버지 역시 아무 말 하지 않아도 당연히 부모의 자식 사랑하는 마음을 자기 아들도 알 것이라고 생각했을 것이다. 부모는 묵묵히 자녀의 뒷바라지만 하면 된다고 생각했을 것이다. 그것이 이 아버지의 죄 아닌 죄이다.

한편 아들은, 아버지가 어떻게 살아왔는지는 잘 모른다. 현재 변화된 가족 관계만 알 뿐이다. 부모가 자신을 챙겨 주지 못한 것은 부모가 자신을 사랑하지 않아서라고 생각할 테고, 부모가 원망스러웠을 것이다. 오랫동안 떨어져 살다 보니 무늬만 가족이라고 생각했을 수도 있다. 자기가 힘들어도 위로해 주지 못하고 이해받고 싶을 때 이해해 주지도 않은 부모가 멀게만 느껴졌을 것이다. 그러다 보니 항상 자기 옆에 있어 주었던 고양이에게 정을 느꼈을 수밖에 없다. 고양이는 자기가 힘들 때 위로가 되어 주었고 자기를 잘 알지만 부모는 그렇지 않다. 자기가 어떤 생각을 하는지, 무엇을 좋아하는지, 싫어하는지, 어떤 때 슬프고 기쁜지 부모는 모른다. 아들은 겉으로는 씩씩하고 강한 것처럼 행동했지만 사실은 두렵고 불안하며, 부모에게 기대고 싶을 때도 있다. 부모는 다 컸다고 생각할지 모르지만 아들은 아직도 부모에게 사랑과 관심을 원한다.

이 세상에 사랑과 관심을 원하지 않는 사람은 없다. 사람에게 사랑과 관심은 공기와 같은 것이라, 이것이 없으면 살 수 없다. 아무리 영양가 있는 음식을 주고 잘 돌봐 주어도 위탁시설의 아이들이 병에 잘 걸리는 이유는, 그 아이들에게 부족한 것이 있기 때문이다. 그것이 바로 부모의 관심과 사랑이다.

할로우라는 심리학자가 한 유명한 실험은 동물에게도 음식만으로는 충족되지 않는 무언가가 있다는 것을 잘 보여 준다. 할로우는 원숭이를 대상으로 실험을 했는데, 그 실험을 위해 두 개의 가짜 엄마원숭이를 만들었다. 둘 다 철사로 만들고 우유병을 들고 있어서, 새끼원숭이가 어느 가짜 엄마원숭이에게 가든지 우유를 먹을 수 있도록 했다. 두 가짜 엄마원숭이의 차이점은, 하나는 천으로 철사를 감싸서 부드럽게 만들고 다른 하나는 천으로 감싸지 않았다는 점이다. 결과는, 새끼원숭이들이 천으로 쌓인 가짜 엄마원숭이한테만 간다는 것이다. 우유 먹을 시간이 아니더라도 새끼들은 그 엄마원숭이한테 가서 안겨 있었다. 이 것은 애착형성에 있어서 접촉의 중요성을 알려 주는 실험이지만, 다른 한편으론 접촉 시 부드러움은 사랑을 느끼게 할 수 있다는 것을 알려 주기도 한다. 새끼원숭이가 우유를 먹을 때, 천을 두른 가짜 엄마원숭이로부터 사랑받는다는 느낌을 받기 때문에 그 새끼원숭이는 정서적으로 안정을 찾을 수 있다는 것이다. 동물도 그러한대 하물며 사람에게 부모의 사랑은 얼마나 중요하겠는가.

사랑을 원하는 것은 모든 인간이 공통적으로 가지고 있는 특성이다. 청소년기를 매슬로우의 욕구의 위계와 관련지어 보면 사랑을 원할 단계라는 것을 쉽게 알 수 있다. 매슬로우는 인간의 욕구를 위계적으로 설명한 유명한 심리학자이다. 인간의 욕구는 피라미드의 모양으로 구성되어 있는데, 맨 아래에는 생리적 욕구가 자리 잡고 있고, 그 다음 단계에는 안전에 대한 욕구, 애정과 소속감에 대한 욕구, 자존감에 대한 욕구, 자아실현에 대한 욕구의 순으로 자리를 잡고 있다. 매슬로우에 의하면 하위단계의 욕구가 충족되어야 그 다음 단계의 욕구가 나타난다고 한다. 예를 들어, 배고픔과 같은 생리적 욕구가 충족되어야 그 다음 단계 욕구인 안전에 대한 욕구가 생기지, 그렇지 않으면 안전에 대한 욕구가 나타날 가능성은 희박하다.

요즘 대부분의 청소년들은 음식, 공기, 수면 등과 같은 생리적 욕구는 충족되었을 것이다. 물론 공부하느라 수면부족인 청소년들도 많겠지만 학교에서 졸거나 학원에서 졸면서 부족한 수면을 보충할 것이다. 더불어 안전에 대한 욕구도 충족되었으리라 본다. 지금 우리나라에 전쟁이 일어나거나 큰 자연재해가 오래 계속되어 국민의 안전이 심각하게 위협받는 상황은 아니기 때문이다. 물론 북한과의 핵 문제 등으로 시끄럽기는 하지만 그것 때문에 우리의 안전이 심각히 위협받는다는 생각은 별로 하지 않는다. 여기에는 안보불감증도 한몫하지만 그런 이야기를 하려는 게 아니라, 적어도 대한민국 국민들은 안전의 욕구가 어느 정도 충족되었다는 점을 말하고 싶은 것이다. 그 다음 단계의 욕구인 애정과 소속감에 대한 욕구는 청소년기에 많이 나타나는데, 청소년기는 애정과 소속감에 대한 욕구를 충족시키기 위해 노력하는 시기라고 할 수 있다. 이 시기에는 동성 친구와의 우정을 매우 중요하게 생각하여, 그들과 많은 시간을 보낸다. 또한 이성 친구에 대한 호기심도 생겨나 이성교제도 하고 싶어 한다. 물론 부모로부터의 사랑은 아동기 때와 마찬가지로 받고 싶어 하지만 겉으로는 표현을 덜하므로, 부모는 자녀가 이제 다 커서 부모 곁을 떠나는구나 하고 생각하게 된다. 아울러 이 시기엔 소속감에 대한 욕구가 커서 동아리 활동도 활발하게 한다.

　　청소년 자녀에게 부모가 해 주어야 하는 것은 사랑을 주고 관심을 가지면서 이해해 주는 일이다. 쉽지는 않겠지만 자녀의 입장에서 모든 것을 생각해 보면 이해하기 쉬울 것이다. 누군가 이런 얘기를 했다. 사람이 살아가는 데 다른 사람을 배려하는 일이 참 중요한 것 같다고 말이다. 그 사람의 이야기에 난 이렇게 말했다. 배려가 중요한 것은 사실이지만, 그 배려는 상대방의 입장에서 하는 것이어야지 자신의 입장에서 하는 배려라면 진정한 배려가 아닐 수도 있다고 말이다. 또 청소년 자녀와 시간을 같이 보내고, 같은 취미를 가지거나 자녀의 취미

청소년 자녀와 시간을 같이 보내고, 같은 취미를 가지거나 자녀의 취미와 관심사에 신경을 쓰라고 말하고 싶다. 그것이야말로 자녀에게 '내가 너를 사랑한다'는 것을 보여주는 증거이다.

와 관심사에 신경을 쓰라고 말하고 싶다. 그것이야말로 자녀에게 '내가 너를 사랑한다'는 것을 보여 주는 증거이다. 즉, '내가 너에게 관심이 있다'는 사실을 구체적으로 보여 주는 것이다.

고백하건대, 나는 참 한심한 엄마였다(이 책에서 너무 많이 반성하는 것 같다). 그런데 얼마 전까지는 내가 한심하다는 사실조차 정말 까맣게 몰랐다. 청소년심리를 강의하면서도 내 딸을 잘 이해하지 못했고, 어떻게 보면 이해하려고 노력하지도 않았던 것 같다. 그 덕분에 우리 딸은 참 힘든 사춘기를 보냈고, 그 여파는 내게까지 몰려와 스스로를 돌이켜 보게 한 계기가 되었다. 참 고맙게도 우리 딸은 잘 커 주었다. 엄마가 형편없었는데도 말이다. 나는 될 수 있으면 딸과 많은 시간을 보내기 위해 딸과 같은 취미를 가지거나 그것이 안 되면 최소한 이해는 해 보려 한다. 다음 달부터는 일본어를 배우려고 한다. 왜냐하면 딸아이가 일본만화와 문화에 대해 관심이 많고 제2외국어로 일본어를 선택했기 때문이다. 모녀지간에 서로 공통점을 가지기 위해 오십을 바라보는 나는 생전 하지 않았던 일본어 공부를 시작하려고 한다. 지금까지는 참 형편없는 엄마였지만 앞으로는 평생토록 좋은 엄마가 되리라 다짐해 본다.

엄마는 출입금지야!

사춘기 청소년이 부모와 거리를 두고 싶어 하고 자신만의 세계를 추구하는 것은 자연스러운 일이다. 과거에도 그랬었다. 단지 요즘 청소년들이 자신의 심정을 보다 직접적으로 표현하기 때문에 달라 보이는 것뿐이다.

스프리스(spris)라는 스포츠 유통 브랜드가 있다. 지난 10여 년 동안 중·고등학생의 사랑을 받아 왔고 청소년 문화를 선도해 왔다고 스프리스 홈페이지에는 적혀 있다. 강산도 변한다는 10년 동안 청소년에게 인기가 있었다는 브랜드를 나는 잘 모른다. 물론 내가 청소년이 아니고 그때는 내 아이도 어렸으니까 그럴 수 있다. 이는 중요하지 않다. 중요한 것은 얼마 전 텔레비전에서 본 스프리스의 광고 내용이다. 광고에서 아들은 엄마가 스프리스 매장으로 들어가려는 것을 온몸으로 막는다. 그 광고는 어떤 메시지를 보내는 걸까? 사실 나는 잘 모르겠다. 광고는 20초(?)의 미학이라고 했던가? 이처럼 함축적 메시지를 담고 있는 광고를 이해하지 못하고 지나치는 경우가 가끔 (사실은 많이) 있다. 스프리스 광고를 내 입장에서 그저 단순하게 본다면, 아들의 입장에서 스프리스라는 브랜드는 엄마와 같은 어른을 위한 것이 아니므로 엄마는 매장에 갈 필요가 없다는 것이다. 엄마와 나는 본질적으로 다르고, 또 엄마가 자신을 위해 스프리스 매장에 가는 것도 싫다는 의미이다. 엄마와 같이 갈 필요가 없으며, 엄마와 같이 가서 자신이 물건 고르는 데 간섭받기도 싫다는 것이다. 다시 말해, 청소년 자녀는 자신의 세계에 엄마가 들어오는 것이 싫다는 의미로 해석할 수 있다.

스프리스 광고가 아니더라도 언젠가부터 자신과 멀어지는 자녀를 피부로 느끼는 부모들이 많을 것이다. 자녀가 어릴 때는 느끼지 못하겠지만 사춘기가 되면서 그들만의 세계에 산다는 느낌이 들 것이다. 부모는 더 이상 자녀가 무슨 생각을 하는지 무엇을 원하는지 잘 알지 못하게 된다. 많은 부모들이 이쯤 되면 서운하거나 섭섭해진다. 품안의 자식이라는 말이 새삼스레 실감날 것이다.

자녀가 어렸을 때, 자신은 평생 엄마하고 살 거라는 말을 들어 보지 않은 부모는 거의 없을 것이다. 어떤 아이는 결혼해서 엄마와 같이 살겠다고도 한다.

그러나 언젠가부터 아이의 입에서 이런 말은 나오지 않고, 어쩌다가 '우리 ○○ 나중에 같이 재미있게 살자.' 라고 하면 정색을 하고 자신은 따로 살겠다고 하는 아이를 보게 된다. 이 경우 딸보다는 아들인 경우가 더 섭섭할 것 같다. 자기 아내가 시어머니를 싫어할 것 같아서 안 되겠다고 하면 그 말은 엄마에게 비수가 될 수도 있다.

자녀가 어렸을 때, 부모는 아이가 어떤 친구와 어울리는지, 무엇을 하며 노는지 다 꿰뚫고 있다. 그런데 어느 날부턴가 모르는 것들이 점점 많아진다. 어디 가냐고 물으면 그저 밖에 나간다고 하거나, 친구를 만난다고 한다. 친구 누구냐고 물으면 말해도 모른다고 한다. 정작 이름을 댄다 해도 누군지 잘 모르겠지만, 그게 누구냐고 물으면 얘기해도 모른다는 대답만이 돌아올 뿐이다. 귀찮게 자꾸 물어보지 말라는 말과 표정은 엄마를 참담하게 한다. 이렇게 얘기하면, '그러면 아빠들은 괜찮겠네.' 라고 생각하는 사람들이 있을지 모르겠다. 그러나 그것은 희망사항일 뿐 섭섭하기는 엄마나 아빠나 매한가지이다. 단지 아빠보다는 엄마가 자녀와 더 많은 시간을 보내기 때문에 서운함을 더 느끼리라 생각할 뿐이다. 일부 부모는 이와 같은 자녀의 변화로 인하여 세상 사는 재미가 없어질 수도 있다. 그러나 그렇게 생각하면 부모 마음만 상할 뿐이다. 세상이 달라졌는데 내가 변하지 않으면 결국 나만 다친다. 사춘기 청소년이 부모와 거리를 두고 싶어 하고 자신만의 세계를 추구하는 것은 자연스러운 일이다. 과거에도 그랬었다. 단지 요즘 청소년들이 자신의 심정을 보다 직접적으로 표현하기 때문에 달라 보이는 것뿐이다.

부모가 명심해야 할 것은 오늘날의 세계에서 인간관계는 수직적이 아니라 수평적이라는 사실이다. 부모 세대는 그들의 부모와 수직적인 관계를 형성하고 평생을 살아왔지만, 현재 자신의 자녀와는 그럴 수 없다. 물론 이를 수용하기는 쉽지 않을 테고, 이렇게 말하는 필자조차도 이 문제 때문에 아이와 많은 갈등을 겪었다. 돌이켜 생각하면 엄마인 나한테도 문제가 있었는데 왜 그 당시에는 아이한테만 문제가 있는 듯이 대했을까 하는 생각이 든다. 청소년기는 자녀가 부모와의 수직적인 관계에 대해 불만을 품고 수평적인 관계를 맺고 싶어 하는 시기이다. 과거에도 그랬을 테지만, 그때는 시대도 문화도 지금과 달랐기 때문에 감히 그런 생각을 밖으로 표현하지는 못했다. 단지 일부 청소년만이 반항하는 행동과 말로써 간접적으로 표현했을 뿐이다.

그런데 가만히 생각해 보면 청소년의 이러한 변화가 부모에게는 섭섭한 것일지 몰라도 나쁜 일은 아닌 것 같다. 수평적인 인간관계는 글로벌 시대를 살아가는 데 필수적인 요소이고 청소년기는 지금 그것을 실험하는 과정이다. 청소년기의 실험을 통해, 성인기에는 수평적 인간관계 속에서 다양한 집단의 수많은 사람들과 협력하며 살아갈 수 있는 기반을 마련할 수 있다. 또한 이것은 청소년 자녀를 부모로부터 독립된 한 사람으로 우뚝 서게 할 것이다. 외국의 부모들은 일찍부터 이런 생각을 해 왔다. 어느 책에서 본 것인데 그것은 자녀의 방문 앞에 다음과 같은 팻말을 붙여 놓은 것이다.

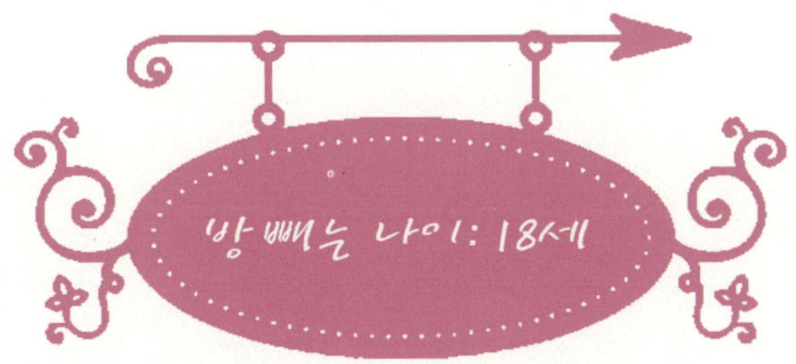

　　부모들은 자신의 부모와의 관계를 곰곰이 짚어 볼 필요가 있다. 과거의 부모는 자녀에게 헌신적인 삶을 살았고 자신을 희생하면서까지 자녀를 돌봤다. 그 결과 과거의 부모에게는 자신(self)이라는 존재가 없다. 특히 어머니의 경우는 더욱 그랬다. 자신은 없고 누구의 부모라는 이름으로만 살았다. 그러다 보니 부모는 자녀에게 의존할 수밖에 없고 자녀로부터 많은 것을 원했다. 지금의 부모는 이런 상황을 자신의 의사와 상관없이 받아들여 살고 있지만, 지금의 청소년 자녀에게는 통할 리가 없다. 오죽하면 지금의 부모 세대가 가장 불행한 세대라고 하는가? 부모들은 앞으로의 세상에서 잘 살아가기 위한 준비를 해야 한다. 이는 자녀에게 너무 의존하지 말고, 자신을 위해 살기 위해서이다. 두 마리 토끼를 다 잡는 것이 불가능한 일만은 아니겠지만 매우 힘든 일임엔 틀림없다. 자녀와 자신만의 삶이라는 두 마리 토끼 중 지금의 부모 세대가 잡아야 하는 것은 자신만의 삶이다. 그렇다면 자녀는 포기해야 한다. 여기서 '포기한다' 란, 자녀가 어찌 되든 상관하지 않는다는 의미가 아니라 자녀의 영역을 인정해 주어야 한다는 의미이다. 부모는 자녀를 하나의 인격체로 존중해 주어야 한다. 자녀의 인생은 자녀 자신이 주체가 되어야 한다. 자녀에게 지나친 욕심을 부리지 말자.

낙 화

이 형 기

가야 할 때가 언제인가를 분명히 알고 가는 이의 뒷모습은 얼마나 아름다운가.

봄 한철 격정을 인내한 나의 사랑은 지고 있다.

분분한 낙화…… 결별이 이룩하는

축복에 싸여 지금은 가야 할 때,

무성한 녹음과 그리고 머지않아 열매 맺는 가을을 향하여

나의 청춘은 꽃답게 죽는다.

헤어지자 섬세한 손길을 흔들며 하롱하롱 꽃잎이 지는 어느 날

나의 사랑, 나의 결별, 샘터에 물 고이듯 성숙하는 내 영혼의 슬픈 눈.

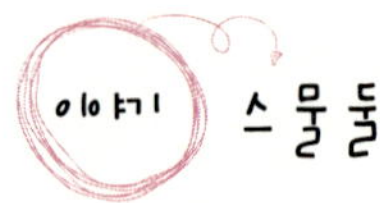

친구와 함께 가는
행복의 지름길

인간에게 친구가 중요하다는 것은 독일 중세의 궁정시인이었던 에센바흐가 한 다음과 같은 말에서 잘 나타난다. "한 사람의 진실한 벗은, 천 명의 적이 우리들을 불행하게 만드는 그 힘 이상으로 우리들의 행복을 위해 이바지한다."

학창시절에 많이 들었던 말 중 하나는 친구가 중요하다는 이야기였다. 선생님은 물론, 부모님도 그런 말을 하셨다. 그때는 왜 친구가 중요한지 심각하게 반문해 보지 않은 채, 사람들한테 친구가 중요한 존재라는 사실을 그냥 받아들였던 것 같다. 인간에게 친구가 중요하게 인식되기 시작한 건 아주 오래전의 일인 것 같다. 그러니까 동서고금을 막론하고 친구의 중요성에 대한 속담이 많은 것이 아닐까? 친구와 포도주는 오래될수록 좋다는 말도 있고, 친구는 옛 친구가 좋고, 옷은 새 옷이 좋다는 말도 있다. 모두 오래된 친구일수록 우정이 두터워진다는 것을 의미하는 말들이다.

인간에게 친구가 중요하다는 것은 독일 중세의 궁정시인이었던 에센바흐가 한 다음과 같은 말에서 잘 나타난다. "한 사람의 진실한 벗은, 천 명의 적이 우리들을 불행하게 만드는 그 힘 이상으로 우리들의 행복을 위해 이바지한다." 오래전에 벌써 에센바흐는 인간의 행복에 있어서 친구가 중요한 역할을 한다는 것을 간파했다.

설리반은 청소년의 행복과 친구의 관계에 관한 이론을 제시했다. 그에 의하면 청소년에게 친한 친구가 있으면 그 청소년은 안정적이고 자신감이 넘치며 행복해한다는 것이다. 이 말을 거꾸로 생각해 보면 친한 친구가 없는 청소년은 불행하다는 것이다. 청소년에게 있어서 친구는 누구를 행복하게도 하고 불행하게도 할 정도로 강력한 존재이다. 그러니 친구가 중요하다고 말할 수밖에. 영화 〈친구〉를 보면 나중에 그들 중 일부가 조폭이 되고 서로를 죽이기는 하지만, 적어도 청소년기에 그들이 친구였을 때 그들은 행복했다고 할 수 있다.

청소년에게 친구가 중요한 것은 청소년들 사이의 우정이 우의나 친밀감 등을 느끼게 해주기 때문이다. 우의는 자신과 시간을 같이 보내며 같이 무엇인가를 할 수 있는 누군가, 즉 친구를 제공한다는 것이다. 심심할 때, 우리는 친구를 찾는다. 친구와 나는 만나서 시간을 보낸다. 만나지 못하면 전화를 하거나 메신저를 할 수도 있다. 친구는 나에게 흥미 있는 정보나 즐거움을 제공해 준다. 또, 나를 격려해 주기도 하고, 지지해 주기도 한다. 친구는 따뜻하고 가깝고 신뢰할 수 있으며, 나 자신을 드러낼 수 있는 관계를 제공한다.

친구에 대한 욕구에는 단계가 있다. 설리반에 의하면 8~10세까지는 또래 놀이친구에 대한 욕구가 크며, 이 시기에는 여러 명의 친구들과 놀기를 좋아한다. 12~14세까지는 친밀감이 급증해서 동성의 단짝관계를 형성하고 싶어 한다. 17~18세까지는 이성에 대한 관심이 높아져서 이성 친구를 사귀고 싶어 한다. 이런 과정을 거치면서 사람은 다양한 친구관계를 형성하는 것이다.

청소년기에 친한 친구가 있으면 행복해지는 것 이외에 또 무엇이 있을까? 친구가 나중에는 중요한 자산이 된다는 말이 있다. 이것은 친구가 나의 네트워크가 될 수 있음을 의미한다. 우리 사회에서 문제시되는 학연이나 지연은 결국 개인의 네트워크이다. 이는 어떻게 활용하느냐에 따라 긍정적으로 평가될 수도 있고 부정적으로 평가될 수도 있다. 공부 잘하는 자녀를 둔 학부모의 경우, 외고나 과학고를 보낼지 아니면 일반고를 보낼지를 두고 갈등하는 것을 주위에서 보곤 한다. 결론적으로 그들은 내신을 잘 받을 수 있는 일반고보다는 내신이 불리해도 외고나 과학고를 선택하는 것이 대부분이다. 부모들은 외고나 과학고를 보내면 내신이 불리할 것은 자명하지만 고등학교 3년 동안 좋은(?) 친구들을 사귈 수 있으므로, 그 친구들이 평생을 같이할 친구이자 든든한 끈이 되어 줄 것이라고 말한다. 한 외고 출신 대학생한테 직접 들은 이야기인데 자신이 외고를 다녀서 가장 좋았던 점은 좋은 친구들을 많이 사귄 것이라고 한다.

요즘에는 좋은 친구의 기준이 달라진 것 같다. 어느 블로그에서 꼭 있어야 할 친구의 종류를 보니 날라리인 친구가 포함되어 있었다. 기성세대의 관점에서 보면 참 의아한데 다시 생각해 보면 이해가 간다. 내가 날라리이면 아마 날라리 친구 대신 범생이 친구가 필요할 것이다. 이것은 결국 다양한 친구를 만남으로써 인간관계의 폭을 넓히고 다양한 경험을 하겠다는 진취적 생각이다.

요즘 초등학교 동창회가 활발하게 열리고 초등학교 친구들과 가깝게 지내는 사람들이 많이 있다. 이들이 한동안 만나지 않았던 초등학교 친구들을 편하게 만나는 데에는 오래된 친구라는 것뿐만 아니라 다양한 직업에 종사하는 다양성도 한몫한다고 본다.

또 하나 이전과 달라진 친구의 개념으로 이성 친구를 들 수 있다. 기성세대에게 이성 친구란 애인을 의미하지만 요즘 청소년에게는 꼭 애인만을 의미하진 않는다. 영어 표현에 boy friend 혹은 girl friend와 이성이라도 just friend는 확실한 구분이 있다. 이것처럼 청소년에게 이성 친구는 그냥 친구일 수도 있고 애인일 수도 있다. 물론 이성의 경우, 그냥 친구로 지내다 애인으로 발전할 가능성이 많기는 하지만 반드시 그런 것만은 아니라는 점이 과거와 다르다고 할 수 있다.

그냥 친구로 지내는 이성 친구가 청소년에게 좋은 점이 몇 가지 있다. 첫째는 자연스럽게 이성을 탐색할 수 있는 좋은 기회가 된다는 점이다. 사실 남자와 여자는 서로에 대해 잘 알지 못한다. 그러면서도 서로의 차이에 대해 관심이 별로 없었던 것 같다. 오죽하면 『화성에서 온 남자 금성에서 온 여자』라는 책이 베스트셀러가 되었겠는가 말이다. 이성에 대해서 잘 알게 되면, 나중에 연애를 하거나 결혼을 했을 때 상대방을 잘 몰라서 발생할 수 있는 문제가 많이 사라질 것이다.

둘째, 이성과 친구로 지내 본 경험이 있는 사람은 나중에 이성과 동료로서 잘 지낼 가능성이 높을 것이다. 동성과 마찬가지로 이성과도 친구로 지내 본 경험은 이성을 애정의 대상만으로 보지 않기 때문에 같이 일을 하는 데 어려움이 없을 것이다. 그러나 이런 경험이 없는 사람은 직장에서 이성과 같이 일하는 것이 매우 불편할 수 있다. 어느 여교수한테 들은 이야기다. 하루는 학생들과 MT를 갔다가 밤이 되어 자신이 묵을 방을 물은 후 찾아 들어갔단다. 그곳은 콘도여서 자기가 혼자 방을 쓰는 것이 미안했는데, 조금 후 같은 과 남자교수 3명도 그 방으로 오더라는 것이다. 물론 콘도여서 방이 2개 있기는 했지만, 남자교수와 여자교수를 한방에서 자도록 한 학생들을 보고 너무 놀랐다고 한다. 그 여교수는 놀랐겠지만 나는 그 상황이 이해가 간다. 물론 학생들이니까 비용문제도 있었겠지만 지금의 젊은이들은 과거의 젊은이와 다르다는 것이다. 남녀공학의 중·고등학교를 다니면서 자연스럽게 이성 친구를 만나다 보니 이성이 전부 애인은 아니라는 사실을 일찍 알았던 것이다. 그러니 같은 과 교수의 성별과 상관없이 그들을 한방에서 자게 하는 일도 가능한 것이다.

요즘 청소년들은 과거보다 친구가 더 많은 것 같다. 과거에는 오프라인상에서만 친구관계가 이루어졌던 것에 비해, 현재에는 온라인과 오프라인 모두에서 친구들을 만나기 때문이다. 부모들은 그래도 오프라인상의 친구들에 대해서는 어느 정도 알고 있다. 그나마도 중학교에 가서부터는 부모가 아는 친구보다 모르는 친구가 더 많아지는 것이 사실이기는 하지만 말이다. 부모가 자녀의 온라인 친구까지 아는 경우는 거의 없다. 자녀들도 별로 이야기를 하지 않으니 더욱 알 길이 없다. 가끔 친구에게 문자를 보내는 자녀에게 누구냐고 물으면 엄마는 얘기해도 누군지 모른다는 답이 돌아오기 일쑤이다.

　　얼핏 보기에는 현실세계의 친구보다 사이버공간에서의 친구와 더 친해 보이는 것이 사실이다. 그러나 조금 더 알아보면 사이버공간에서의 친구와는 피상적인 관계에 머무는 경우가 대부분이다. 사이버공간의 친구들은 대부분 게임을 하면서 만나게 된다. 같이 게임을 하다 보니 재미가 있고, 그러다 보니 약속을 하고 만나서 함께 게임을 한다. 하지만 서로 마음 깊숙한 곳의 이야기를 할 시간적 여유란 거의 없고 게임이라는 공통점만이 그들을 묶어 주는 역할을 한다. 이들의 관계가 그리 깊지 않다는 것은, 친하다고 생각하면서도 사이버상의 친구를 현실세계에서 만날 생각을 하지 않는 경우가 대부분이라는 점과 현실세계의 친구와 달리 맘이 맞지 않으면 언제든 헤어진다는 것을 보면 알 수 있다.

3

요즘 아이들 바로 알고 크게 키우기

자녀의 잠재력이 파악되었다면 부모는 자녀의 잠재력이
충분히 발휘될 수 있도록 도와주어야 한다.

넌 미운 오리새끼가 아니야

부모도 몰랐던 자녀의 잠재력

적성검사는 그 사람이 어느 분야에 적성이 있는지를 알려 줄 것이다. 적성이라는 것은 잠재능력이다. …… 흥미검사는 그 사람의 흥미가 어디에 있는지를 알려 주는데, 본인이 잘 알고 있는 경우도 있고, 본인조차 몰랐던 것을 새롭게 알게 해 주는 경우도 있다.

안데르센의 동화 『미운 오리새끼』를 모르는 사람은 거의 없을 것이다. 미운 오리새끼는 형제들과 모습이 달라 미움만 받고 자랐는데, 나중에 알고 보니 자신이 멋진 백조였다는 것이다. 이 동화를 보면서 요즘 부모와 자녀의 갈등이 부모가 자녀를 미운 오리새끼로 생각하기 때문이 아닌가 하는 생각이 든다. 이런 갈등은 부모가 자신의 아이를 잘 모르기 때문에 일어나는 것이다. 아이는 백조임에도 부모가 오리라고 생각하니까 문제가 생긴다. 백조와 오리는 다르다. 백조는 백조만의 특징이 있고, 오리는 오리만의 특징이 있다. 즉, 오리는 백조의 장점을 가지고 있지 않고, 백조는 오리의 장점을 가지고 있지 않다. 백조한테 오리의 장점을 보이라고 하면 백조는 그렇게 할 수가 없다. 그것은 당연하다. 부모는 자신의 자녀가 백조인지 오리인지 알아야 한다. 백조와 오리를 제대로 구분해야 한다는 말이다. 자녀를 백조라고 생각하면 최고의 백조인데도, 오리라 생각하니까 이상한 오리로 보일 수밖에 없지 않은가?

〈해피피트(Happy Feet)〉라는 영화가 있었다. 별 기대를 하지 않았는데 생각보다 재미있게 보았다. 이 영화에서는, 노래로 의사소통을 하는 펭귄집단에서 노래는 전혀 못하지만 춤을 잘 추는 돌연변이 펭귄이 등장한다. 당연히 그 펭귄은 미움을 받았고 부모와도 떨어져 살 수 밖에 없었다. 하지만 그 펭귄의 도움으로 펭귄집단 전체가 먹이를 얻을 수 있게 되어 펭귄들을 살린다는 내용이다.

안데르센의 동화 『미운 오리새끼』와 〈해피피트〉라는 영화를 통해, 부모는 자녀를 잘 파악하고 있어야 하며, 다르다는 것이 축복임을 깨달을 필요가 있다고 느낀다. 우선 부모는 자녀가 오리인지 백조인지에 대한 정확한 판단을 내려야 한다. 또한 어떤 잠재력을 가졌는지도 알아야 한다. 얼마 전 이런 신문 기사를 보았다.

4년 전 영국으로 건너가 현재 사립고교에 다니는 김 모(17)군. 한국에서 불량학생
이었던 김 군은 영국에 와서도 축구만 좋아할 뿐 공부에는 별 관심이 없었다. 그
러던 중 김군의 후견인은 학교 측으로부터 편지 한 통을 받았다. 김 군이 그림에
재주가 있다는 한 교사의 편지였다. 김 군은 곧바로 디자인 학원에 다니기 시작하
더니 스스로 대학에서 디자인을 전공하기로 결심했다.[1]

이것은 부모가 자녀의 잠재력을 전혀 몰랐다는 것을 보여 주는 전형적인
예가 될 수 있다. 자녀를 제대로 이해하지 못하는 것만큼 부모가 잘못하는 일은
부모의 마음대로 자녀를 판단하거나, 부모가 하고 싶은 것을 강제로 시키는 일
이다. 가령, 자녀가 백조인데 부모는 오리라고 판단한다거나 오리인 자녀를 부
모가 원하는 백조로 만들기 위해 자녀를 압박하는 것이다.

그렇다면, 자녀의 잠재력을 어떻게 알 수 있을까 하는 고민이 생길 것이
다. 여러 방법이 있을 수 있다. 객관적인 방법으로는 적성검사, 흥미검사, 성격
검사 등 다양한 검사가 있지만 객관적인 판단 이외에 자녀, 부모, 주위 사람의
의견과 같은 주관적 판단도 필요할 것이다. 예를 들어, 적성검사는 그 사람이 어
느 분야에 적성이 있는지를 알려 줄 것이다. 적성이라는 것은 잠재능력이다. 비
록 지금 당장 그 능력이 나타나지 않을 수도 있지만, 그 사람이 잘할 수 있는 영
역이다. 음악에 적성이 있다면, 지금 어떤 악기도 다루지 못한다 해도 잘할 가능
성이 많다는 것을 말해 준다. 흥미검사는 그 사람의 흥미가 어디에 있는지를 알

---

1 조선일보(2007. 1. 29), 조기유학 이래서 좋다

려 주는데, 본인이 잘 알고 있는 경우도 있고, 본인조차 몰랐던 것을 새롭게 알게 해 주는 경우도 있다. 물론 흥미와 적성은 반듯이 결과가 비례하여 나오지 않을 수도 있다. 예를 들어, 어떤 사람은 축구를 좋아하지만 소질이 없을 수 있고, 어떤 사람은 그림에 소질이 있지만 정작 흥미가 없을 수도 있다.

　　자녀의 잠재력이 파악되었다면 부모는 자녀의 잠재력이 충분히 발휘될 수 있도록 도와주어야 한다. 자녀가 가진 능력과 상관없이 부모의 뜻대로 자녀의 진로를 결정하지 말아야 한다는 것이다. 그 이유는, 이러한 부모의 강압성이 자녀의 행복을 빼앗고 시간 및 경제적 손해를 가져올 수 있기 때문이다. 자녀의 적성이나 흥미와 상관없이 부모가 원하는 대로 자녀를 국제변호사로 만들었다고 하자. 부모 자신은 물론 주위에서도 자식을 잘 키워 성공했다고 할 것이다. 그러나 자녀도 그렇게 생각할까? 자녀도 그것을 원했다면 모르지만 그렇지 않았다면 자녀는 국제변호사로서 활동하면서도 행복해하지 않을 것이다. 아마 일하는 즐거움은 경험하지 못할 것이다. 나는 주위에서 소위 잘나가는 직업을 가진 사람들 중에 자기의 직업에 만족하지 못하고 자신의 일을 싫어하는 사람을 종종 보곤 한다. 어떤 경우에는 부모가 원하는 대로 의대나 법대에 진학했다가 결국 자신이 원하는 것을 하기 위해 진로를 바꾸는 사람도 있었다. 예를 들면 의대에 갔다가 음대를 간다든지, 법대에 갔다가 불문과를 간다든지, 아니면 의대나 법대를 졸업하고 전공과는 상관없는 직업을 선택하는 경우이다. 이는 부모와 자녀의 시간과 돈을 낭비하는 셈이 된다.

　　다르다는 것은 축복일 수 있다. 이 세상이 모두 백조로만 뒤덮이거나 오리로만 뒤덮인다면 세상은 너무 단조로워질 것이다. 백조도 있고 오리도 있어야, 이들은 서로가 가지지 못한 장점으로 이 세상을 풍요롭게 만들 것이다. 만약 이 세상에 온통 공부 잘하는 사람만 있다면 숨이 막힐 것 같다. 공부를 잘하는 사람도 있고 못하는 사람도 있어야 하며, 운동을 잘하는 사람이 있으면 못하는 사람도 있어야 한다. 피아노를 잘 치는 사람이 있다면, 당연히 못 치는 사람도 있는 것처럼 말이다.

한때 여러 인종이 모여 사는 미국사회에서 '멜팅팟'이라는 개념이 유행이었다. 서로 다른 사람이 만나서 미국이라는 사회에 동화되어 살아가자는 뜻인 것 같았다. 그런데 언젠가부터 멜팅팟보다는 샐러드에 미국사회를 비유하는 경우가 많아졌다. 샐러드는 멜팅팟과는 달리 자기가 가진 고유성을 잃어버릴 필요

가 없으면서도 전체의 조화까지 이룬다. 멜팅팟은 자신의 고유성을 없애고 정체성이 없는 뭔가가 되는 데 반해, 샐러드는 그렇지 않다. 그런 면에서 나는 샐러드가 훨씬 좋다. 그런데 만약 샐러드에 야채가 한 종류만 있다면 여러 종류의 야채가 어우러졌을 때보다 덜 매력적일 것이다. 영양소도 덜 다양할 테고 보기에도 너무 단순할 것이기 때문이다.

부모는 자녀가 어떤 잠재력을 가졌는지 파악하는 것이 중요하고, 그 잠재력을 인정해 줄 필요가 있다. 이 세상에 필요하지 않고 소중하지 않은 사람은 없다. 그러니 우리 자녀를 부모 마음대로 미운 오리새끼로 만들지 말자.

청소년기에는
모든 것이 중요하다

하루는 작은아들 여자 친구의 엄마라는 사람이 전화를 했더란다. 그 친구는 아들한테 여자 친구가 있는 것도 몰랐었단다. 그 엄마는 자기 딸이 열심히 공부하도록 해 줘서 정말 고맙다면서, 원래 자기 딸은 공부에 관심도 별로 없고 공부도 못했는데 남자 친구를 사귀면서부터 공부를 열심히 하기 시작했다고 말했단다.

인간이 발달하는 데 중요한 것은 무엇일까? 부모가 중요하다고 생각하는 사람도 있고, 그보다는 자기가 가지고 태어난 잠재력이라고 생각하는 사람도 있을 것이다. 브론펜브레너라는 생태심리학자는 청소년의 발달에 있어서 거의 모든 것이 다 중요하다고 했다. 그는 미시체계, 중간체계, 외체계, 거시체계, 시간체계의 다섯 가지 환경적 체계가 서로 상호작용하여 인간의 발달에 영향을 미친다고 했다.

미시체계는 개인과 가장 가까운 가정, 친구, 학교, 교사, 이웃과 같은 환경인데, 청소년들은 이들과 서로 상호작용하면서 발달한다. 베를린 필하모닉 오케스트라의 오보에 수석인 알브레히트 마이어가 오보에를 연주하게 된 계기는 그가 열 살 때 아버지의 한 환자가 감사의 표시로 선물한 오보에 때문이었다고 한다. 아버지가 그에게 준 그 오보에가 알브레히트 마이어의 인생을 바꾼 것이다. 트럼펫의 살아 있는 전설이라고 불리는 하칸 하르덴베르게르의 경우도 이와 비슷하다. 그가 여덟 살이 되던 해, 아버지로부터 크리스마스 선물로 받은 트럼펫으로 인해 트럼펫의 세계에 발을 들여놓게 되었다고 한다.[1]

친구 따라 강남 간다는 말이 있다. 이 말은 친구가 그만큼 영향을 많이 미친다는 것을 의미한다. 흔히 청소년기에 이성교제를 하면 성적이 내려간다고 생각하는 부모가 많다. 사실 그럴 가능성이 많기는 하나 반드시 그런 것은 아니다. 오히려 이성 친구 때문에 더 열심히 공부한다는 경우도 있기 때문이다. 나의 오랜 친구인 Y가 하루는 이런 말을 했다. 살다 보니 별일이 다 있다고 말이다. 그 친구는 아들만 둘이 있는데 하루는 작은아들 여자 친구의 엄마라는 사람이 전화

---

1 동아일보(2007. 1. 31), 격정의 트럼펫 VS 달콤한 오보에…… '관악기 명인' 내한

를 했더란다. 그 친구는 아들한테 여자 친구가 있는 것도 몰랐었단다. 그 엄마는 자기 딸이 열심히 공부하도록 해 줘서 정말 고맙다면서, 원래 자기 딸은 공부에 관심도 별로 없고 공부도 못했는데 남자 친구를 사귀면서부터 공부를 열심히 하기 시작했다고 말했단다. 왜냐하면 그 남자 친구가 공부를 잘하는데 자기가 공부를 못하면 미안하기 때문이란다. 이런 친구도 있다. 원래 외고에서 공부를 잘하는 딸인데 언제부터인가 공부를 더 열심히 하더라는 것이다. 공부를 너무 열심히 하기에 걱정이 돼서 왜 그러냐고 물었더니, 좋아하는 남학생이 생겼는데 그 아이는 벌써 명문대 수시로 합격했기 때문에 자기도 그 학교에 가기 위해서는 지금보다 더 열심히 공부해야 한다고 하더란다. 소개를 하다 보니 두 사례가 모두 여학생의 입장인데, 이런 일이 여학생들에게만 일어나는 것은 아니라고 본다.

이웃이 중요하다는 것은 맹모삼천지교를 통해서 잘 알 수 있다. 맹자의 어머니는 처음 공동묘지 근처에서 살았으나 맹자가 곡을 하면서 장사 지내는 놀이만 하는 것을 보고 시장 근처로 이사를 했다. 그곳에서 맹자는 상인들이 장사하는 것을 흉내 내면서 놀았다. 맹자의 어머니는 결국 서당 근처로 다시 이사를 했는데, 맹자가 예법에 관한 놀이를 하는 것을 보고 그곳에서 살기로 했다는 것이다. 이것은 이웃이 중요하다는 것을 의미할 수도 있고 부모가 중요하다는 것을 의미할 수도 있다.

중간체계는 미시체계들 간의 관계이다. 즉, 가정에서의 경험과 학교에서의 경험과의 관계나 가정생활과 친구와의 관계와 같은 것을 말한다. 예를 들어, 가정에서 부모로부터 성적에 관한 잔소리를 듣게 되면 스트레스를 받아서 친구와의 관계가 원만하지 않을 수 있다. 괜한 일에 짜증을 내면 친구들로부터 외면을 당할 수도 있다. 또한 같은 반 친구들한테 따돌림 당한 청소년은 자기처럼 친구들로부터 거부당한 친구들과 어울리게 될 것이다.

외체계에는 청소년과 관련된 사람의 개인적 경험이 다른 상황에서 청소년에게 영향을 미치거나, 청소년이 직접적으로 관여는 하지 않지만 정부기관이나 지역사회의 공공기관과 같은 것이 포함된다. 전자의 예로는, 아빠가 지방으로 전근을 가게 된다면 그 가족은 주말에만 아빠를 만나거나 지방으로 이사를 가게 될 것이고, 이것은 자녀에게 어떤 형태로든 영향을 미치는 경우이다. 후자의 예로는, 집 근처에 청소년수련관이 생겨 방과 후나 주말에 청소년수련관에서 실시하는 다양한 프로그램에 참가하게 되면 청소년의 발달에 긍정적인 영향을 미치는 경우이다.

가족의 친구가 어떤 사람인가 하는 점도 어찌 보면 자녀에게 영향을 주지 않을 것 같지만 상당한 영향을 미칠 수 있다. 우리 딸이 취학 전 짐보리라는 곳에 운동하러 간 이유는, 내가 친구 집에 놀러갔을 때 그 친구가 우리 딸 나이에는 그곳에 엄마와 가서 운동을 해야 한다고 적극적으로 추천했기 때문이다. 한글을 가르치는 데는 무슨 학습지가 최고라는 한 친구의 말에 따라, 우리 딸도 그 학습지로 공부해서 한글을 깨쳤다. 지금 우리 아이가 미국이나 캐나다 등의 나라가 아닌, 영국에서 공부하고 있는 것도 내 주위 사람의 영향이었다. 결국 나의 친구관계가 우리 딸이 무엇을 하느냐까지 영향을 주었다. 이런 예를 보면 아이들뿐 아니라 부모가 교제하는 사람도 매우 중요하다고 할 수 있다.

거시체계는 개인이 살고 있는 문화적 환경인데, 여기에는 신념도 포함된다. 이것은 어떤 개인이 그 문화권에 태어났기 때문에 지금의 모습을 하고 있다는 것이다. 만일 다른 문화권에서 태어났으면, 같은 사람이었다 하더라도 지금과는 다른 모습을 하고 있으리라는 것이다. 지금 초등학생의 몸으로 다른 나라에서 공부하고 있는 아이가 있다면, 그 아이는 한국에서 태어났기 때문에 지금 한국에서 불고 있는 조기유학의 열풍으로 인해 그 대열에 합류했을 것이다. 만일 그 아이가 다른 나라에서 태어났다면 조기유학을 하고 있을 확률은 매우 낮을 것이다.

한국은 세계적인 인터넷강국이다. 한국의 청소년치고 인터넷을 사용하지 않는 청소년은 거의 없을 것이다. 인터넷의 사용이 일상생활에서 활성화되다 보니 부작용도 생기게 되었는데, 그것이 바로 인터넷 중독이다. 현재 인터넷 중독에 빠진 우리나라 청소년의 비율은 매우 높은 편이다. 만일 그 청소년들이 인터넷을 제대로 사용할 수 없는 문화권에서 태어났다면 당연히 인터넷 중독에도 빠지지 않았을 것이다.

우리나라는 유교문화의 영향으로 무(武)보다 문(文)을 숭상한다. 그래서 대한민국 국민의 교육열은 가히 세계 최고 수준이라 할 만큼 높다. 한국 사람들은 웬만한 대학은 눈에 차지도 않는다. 미국 사람들도 가기 어려운 아이비리그 대학을 목표로 공부하는 사람이 많고 그 정도는 돼야 명문이라 생각한다. 영국에는 세계적으로 유명한 대학이 많이 있는데도, 영국에 있는 대학 하면 옥스퍼드나 캠브리지만을 생각한다. 마찬가지로, 일본 대학 하면 동경대나 와세다대만을 생각한다. 이 대학들 말고도 좋은 대학이 있는데 말이다. 어떤 면에서는 세계 최고만을 추구하도록 교육받기 때문에 꿈을 높고 크게 가질 수 있어 좋기는 하다.

시간체계는 시간이 지나가면서 일어나는 변화, 사회 및 역사적인 환경을 의미한다. 이것은 어떤 사건의 효과가 시간이 지남에 따라 다르게 되고, 동일한 사건이라도 시대에 따라 그것이 청소년에게 미치는 영향이 다를 수 있다는 것을 의미한다. 예를 들어, 2002년 월드컵 개최 당시, 초등학생이었을 경우와 중학생이나 고등학생인 청소년이었을 경우 월드컵은 다른 의미를 가질 수 있다는 말이다.

　브론펜브레너라는 생태심리학자는 청소년의 발달에 있어서 거의 모든 것이 다 중요하다고 했다. 그는 미시체계, 중간체계, 외체계, 거시체계, 시간체계의 다섯 가지 환경적 체계가 서로 상호작용하여 인간의 발달에 영향을 미친다고 했다.

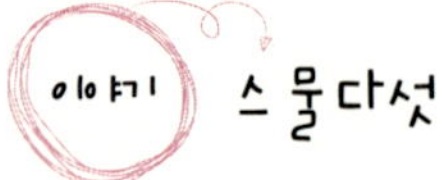

'노는 법'을 배우니 세상이 달라 보이네?

잘 놀기 위해서는 준비를 해야 한다. 놀기 위해서는 노는 법을 배워야 한다는 말이다. '노는 법 배우기'를 다른 말로 하면 '여가 즐기는 법 교육받기'이다. 여가를 올바르게 즐기기 위해서는 교육과 훈련이 필요한데, 그것은 성인이 된 후보다는 그 이전에 하는 것이 더욱 효과적이다.

자녀가 성장하면서 엄마들의 교육내용이 달라지는 것을 볼 수 있다. 대체로 초등학교 저학년 때에는 그림, 악기연주, 스포츠 등과 같이 주요 교과와 관련이 적지만 아이들의 정서나 건강에 좋다고 생각되는 것들을 가르친다. 피아노 학원에는 대부분 몇 달이라도 보내 보았을 것이고 피아노 이외에 바이올린이나 플루트와 같은 악기도 조금씩 다룰 기회를 주었을 것이다. 미술학원도 좀 보내 보고, 스케이트도 가르쳐 보고, 요즘 부모들이라면 스키나 스노보드도 가르쳐 봤을 것이다. 그러다가 초등학교 고학년이 되면 주요 과목만 가르친다. 영어캠프도 보내고 논술도 가르치고 수학과외도 한다. 적어도 초등학교 때까지는 주요 과목 이외의 것도 조금 가르치지만 중학교에 들어가면 어림도 없다. 모든 것이 대학입시에 맞춰 움직이기 때문에 대학가는 데 도움이 되는 것은 가르치지만 그렇지 않은 것은 관심도 없게 된다. 그렇게 우리 아이들의 생활은 대학까지 이어진다.

우리 세대는 참 놀 줄 모른다. 여기서 우리 세대란 40대 중반 이후의 세대를 말한다. 우리가 젊었을 적에는 지금보다 놀 거리가 적었고, 노는 것 자체를 좋게 생각지 않아 놀아 본 적도 별로 없다. 그러니 지금에 와서 시간이 생겨 놀게 되더라도 기껏해야 만나서 밥 먹고 수다를 떨거나 술을 마시거나 전 국민의 여가를 책임지는 오락(?)을 할 뿐이다. 요즘 청소년들은 우리 세대보다 훨씬 잘 놀지만 음주가무를 즐겼다던 우리 민족의 과거와 비교해 볼 때 잘 놀지 못하는 것이 사실인 것 같다.

비록 귀족이나 양반에만 해당되기는 했지만, 과거 사람들은 현대인들보다 잘 놀았던 것 같다. 고대 그리스에는 7자유교과라는 것이 있었다. 그중 하나는 음악으로, 논리학, 수사학, 천문학, 기하학 등의 기라성 같은 교과와 함께 어깨를 나란히 했다. 왜 음악이 고대 그리스에서는 그렇게 중요한 과목이었는지 매우 궁금했던 시절이 있었다. 요즘 나름대로 생각한 이유는, 사람들에게 즐기는 법을 가르쳐 주기 위해 음악을 포함시킨 게 아닐까 하는 것이다. 바로 즐기면서 노는 법을 가르쳐 주기 위해서 말이다.

조선시대의 양반들은 풍류를 즐겼다. 백과사전에 의하면, 풍류란 우아하고 멋스러운 정취라고 한다. 이것이 겉으로 나타나게 되면, 시를 짓고 가야금 같은 악기를 다루고 사군자를 그리며 서예도 하고, 춤을 추거나 감상할 수 있는 눈을 가지게 된다. 이들은 학문에만 전념한 것이 아니라 이와 같이 놀 줄도 알았다.

논다는 것을 좀 고상하게 표현하면 여가를 즐긴다고 할 수 있을 것이다. 여가를 잘 즐기는 것은 오늘날에도 중요하다. 자꾸 이야기해서 좀 뭣하지만, 많은 청소년과 부모에게 선망의 대상인 아이비리그에 입학하기 위해 공부만 잘해서는 안 된다는 사실은 이미 잘 알려져 있다. SAT성적만으로 결정되지 않는다는 것이다. 하버드대의 입학률은 9%이다. 예일대도 하버드대와 마찬가지로 9%이다. 미국은 우리나라와 달리, 그 대학에 갈 만한 학생만 추천한다고 생각하면 하버드대나 예일대는 비슷비슷한 지원자 중에서도 소수만이 합격한다는 말이다. 인지적 능력이 유사한 경우, 학교에서는 무엇을 기준으로 학생들을 선발할 것인가? 자원봉사 활동이 중요하다는 것도 많이 알려져서 이제는 특별한 것이 아니면 시선을 끌기 어렵다고 한다. 그래서 미국학생들 사이에서는 특이한 자원봉사 활동을 하려고 남미나 아프리카까지도 간다고 한다.

〈금발이 너무해〉라는 영화가 있다. 얼토당토않은 코미디이긴 하지만 미국의 대학입시(거기서는 대학원이었지만)의 단면을 보여 주었다. 공부에는 관심이 없는 금발의 여학생이 하버드 법과대학원에 지원을 했는데 다른 지원자와는 전

허 다른 프로필로 교수들의 관심을 끌어, 실력으로는 많이 부족하지만 하버드에 합격한다는 내용이 포함되어 있다. 얘기가 길어졌는데, 요점은 아이비리그에서도 잘 노는, 즉 여가를 제대로 즐길 줄 아는 지원자를 원한다는 것이다. 악기도 다룰 줄 알고, 마술도 하면 좋고, 무언가 특별한 점이 있어야 한다는 것이다.

청소년기에 인기 있는 친구는 어떤 친구인가? 여학생들 사이에서는 어떨지 모르지만, 적어도 남학생들 사이에서는 운동을 잘하는 친구가 인기가 있다. 공부만 잘한다고 인기 있고 부러움의 대상이 되던 시절은 지났고, 지금은 남달리 뭔가 잘하는 것이 있어야 친구들 사이에서도 인기가 있다. 이제 노는 것은, 여가를 즐기는 것은 공부를 잘하는 것만큼 중요하다. 그런데 잘 놀기 위해서는 준비를 해야 한다. 놀기 위해서는 노는 법을 배워야 한다는 말이다. '노는 법 배우기'를 다른 말로 하면 '여가 즐기는 법 교육받기'이다. 여가를 올바르게 즐기기 위해서는 교육과 훈련이 필요한데, 그것은 성인이 된 후보다는 그 이전에 하는 것이 더욱 효과적이다. 어떤 여가는 특별한 교육이나 훈련이 없이도 가능하지만 어떤 여가는 그렇지 않다. 예를 들어, 텔레비전을 시청하기 위해서는 특별한 교육이 필요 없지만, 승마를 즐기기 위해서는 교육을 받아야 한다. 그리고 이런 교육이나 훈련은 나이가 어릴수록 더 빨리, 더 효과적으로 습득할 수 있다.

볼테르는 이 세상에 세 가지 어려운 일이 있다고 했다. 첫째는 상해로 고통받는 것, 둘째는 비밀을 지키는 것, 셋째는 여가를 즐기는 것이라고 했다. 이 말은 그만큼 여가를 즐긴다는 것이 생각처럼 쉽지 않음을 의미한다. 또한 여가를 제대로 즐기기 위해서는 여가교육이 반드시 필요하다는 것을 의미하기도 한다.

노는 것을 배우면 지금과는 다른 세상이 보인다. 요즘 『신의 물방울』이라는 만화를 통해 와인을 조금씩 알아 가고 있다. 아직 초보 수준이지만, 와인에 대한 지식이 쌓이면서 이제까지 몰랐던 새로운 세계가 있다는 것을 깨닫게 되고, 그동안 참 좁은 세상에 살았다는 것을 느낀다. 이런 기분을 맛보기 위해서는 여가 즐기는 법을 배워야 한다. 조선시대 양반들은 시를 지으며 풍류를 즐겼는데 그렇게 놀기 위해서는 시 짓는 법을 배워야 했다. 사군자를 그리는 것도 마찬가지고 가야금을 켜는 것도 마찬가지다. 배워서 놀면 지금보다 한층 업그레이드된 인생을 살 수 있다.

하다못해 컴퓨터 게임도 배워야 재미있게 할 수 있다. 스타크래프트가 처음 유행할 무렵, 청소년에 대한 이해를 높일 겸 배워 보려고 했다가 한 2주일 정도는 집중해서 배워야 놀 수 있다고 해서 포기한 적이 있다. 그때는 그럴 만한 시간적 여유가 없어 포기했지만, 지금 생각하니 약간 후회가 된다. 그때 스타크래프트를 배웠다면, 지금쯤 다른 게임도 섭렵했을 가능성이 많고, 컴퓨터 게임을 통해 청소년을 보다 잘 이해할 수 있으면 일과 놀이를 동시에 할 수 있었을 것이다.

지금까지 계속 노는 것이 중요하니 가르치라고 했는데, 여러분은 노는 것이 왜 그렇게 중요한지 궁금할 것이다. 내 대답은 간단하다. 놀면 즐겁기 때문이고, 즐겁고 행복한 것이 인생에서 중요하기 때문이다. 유명한 여가학자인 김정운 교수가 쓴 『노는 만큼 성공한다』라는 책이 있다. 그 책의 원래 제목은 『나는 놈 위에 노는 놈 있다』였다. 이 책의 제목에서도 분명하게 나타나는 것처럼 지금은 노는 것이 중요한 시기이다. '知之者는 不如好之者오, 好之者는 不如樂之者니라.' 이것은 공자의 말씀으로, '알기만 하는 자는 좋아하는 자를 이기지 못하고, 좋아하는 자는 즐기는 자를 이기지 못하리라'는 뜻이다. 나는 한문세대도 아니고 공자의 학문을 전공하는 사람도 아니지만 이 말은 들으면 들을수록 가슴에 와 닿는 좋은 말이라는 생각이 든다.

청소년기의 다양한 여가활동은 청소년 여가의 폭을 넓혀 주고, 자칫 인지적 발달로만 치우쳐 기형적 발달이 될 수 있는 것을 전인적 발달로 이끌어 주는 역할을 할 수 있다. 뿐만 아니라 청소년기 이후의 다양한 여가생활에도 긍정적인 영향을 미칠 수 있다. 아울러 부모들이 중요하게 여기는 대학입시에도 도움이 될 가능성이 높으니 자녀가 잘 놀 수 있도록 가르치는 것이 중요하지 않을까? 앞에서 말한 아이비리그는 물론 우리나라의 대학입시에서도 특기를 가졌다는 것이 큰 장점으로 작용하고 있다. 앞으로 이런 현상은 더욱 가속화될 것이다. 부모로서 자녀가 공부 잘하기를 원하는 것은 자녀가 행복하기를 바라기 때문이다. 그렇다면 노는 것도 가르쳐 자녀를 진정 행복하게 해 주고자 한다면 이상한 부모일까?

가끔은
혼자 두어도 괜찮다

혼자만의 시간과 공간은 마치 새끼가 알을 깨고 나올 수 있게 도와주는 것 같다. 그 과정에서 인간은 이전보다 성숙해진다. 그래서인지 드라마나 소설에서 보면 주인공들은 커다란 결정을 앞두고 여행을 떠난다. 여행을 하는 동안 혼자만의 시간을 가지면서 결정을 한다.

돌이켜 보면, 다른 것은 몰라도 나는 엄마로서 참 한심했던 것 같다. 아이한테 무슨 일이 생기면 모든 것을 내 방식대로 처리하려고만 했었다. 우선 문제를 분석하고, 어떻게 하면 빠른 시일 내에 그 문제를 해결할 수 있는지 그 방법을 생각했다. 될 수 있는 한 그 문제를 빨리빨리 해결하려고 했던 것이다. 그것이 비록 아이의 문제라고 해도 문제해결의 주체는 항상 엄마인 나였다. '왜 그렇게 했을까?' 하고 지금 와서 생각해 보니, 내가 아이의 문제를 대신 해결해 주면 된다고 생각했기 때문인 것 같다. 내가 하는 것이 더 빠를 테니까 아이는 그냥 있고, 나만 아이의 문제를 내 방식대로 해결하면 되는 것이었다. 이 방법이 잘못되었다는 사실을 깨달은 것은 아이가 중학교에 들어갔을 무렵인 것 같다. 엄마인 나는 정말이지 그 문제에 대해 완벽한 해결책을 내놓았는데 딸아이는 여전히 갈피를 잡지 못하는 것이다. 이런 일이 반복되다 보니 무엇인가 잘못되었음을 알게 된 것이다. 예를 들어, 시험 때가 되면 아이가 아니라 내가 아이의 공부시간표를 짰다. 계획대로 진도가 나가지 않으면 다시 수정해서 계획표를 만들어 아이한테 내밀었다. 내가 보기에는 그대로만 공부하면 우수한 시험성적을 거두지는 못해도 웬만큼은 할 수 있다고 믿었다. 그런데 시험결과는 매번 기대를 저버리는 수준이었다. 지금 생각하면 당시의 나는 무엇이 문제인지도 제대로 파악하지 못한 채, 모든 것을 내 기준에 맞춰 아이에게 강요했던 것이다.

내가 딸아이를 키우면서 간과했던 점은, 딸아이의 문제에 있어서만큼은 내가 아니라 딸아이가 주체가 되어야 한다는 것이다. 공부시간표를 짜는 일은 내가 아니라 딸이 했어야 한다. 물론 도움이 필요하다면 도와줄 수 있지만 내 수준에 맞추어 하지는 말았어야 했다. 자신이 스스로 선택하고 계획해야 그 일에 대해 책임을 지는 것도 배우게 된다. 내가 잘못된 점을 깨닫고 나서는 모든 일들이 비교적 순조로워졌다. 왜 진작 깨닫지 못했는지 안타깝다.

어느 날 딸아이가 유학을 보내 달라고 했다. 반년을 고민하다 보내기로 결정하고, 중학교 3학년 때 영국에 있는 기숙사 학교로 보냈다. 아무리 외국에 있는 학교가 좋다고 해도 처음 가서 적응하기가 쉽지는 않으므로, 우리 아이도 많이 힘들어했다. 하지만 아무리 힘들어도 그만두겠다는 말은 하지 않았다. 자기가 보내 달라고 했으니 힘들어도 끝까지 해 보겠다는 말을 해서 나를 감동시켰다. 만일 내가 아이를 강제로 유학 보냈다면 벌써 포기하고 돌아왔을지도 모른다. 그런데 아이가 먼저 오랫동안 고민한 결과라면서 유학을 가고 싶다고 말했으니, 아무리 힘들어도 자신이 한 말에 책임을 질 수밖에 없었을 것이다. 아무리 14살이어도 말이다.

사람들은 누구나 자신만의 공간이 필요하고 혼자 보낼 시간이 필요하다. 혼자만의 시간과 공간은 마치 새끼가 알을 깨고 나올 수 있게 도와주는 것 같다. 그 과정에서 인간은 이전보다 성숙해진다. 그래서인지 드라마나 소설에서 보면 주인공들은 커다란 결정을 앞두고 여행을 떠난다. 여행을 하는 동안 혼자만의 시간을 가지면서 결정을 한다.

인간은 잠재력이 있는 존재이다. 유명한 인본주의 심리학자이며 상담가인 로저스는 인간을 성선설의 입장에서 바라본다. 그는 사람은 본질적으로 신뢰할 수 있고, 상담자의 개입 없이도 자신을 이해하고 문제해결을 할 수 있는 능력이 있으며, 자기 스스로 성장을 가져올 수 있는 잠재력을 가지고 있다고 했다. 인간은 자기 스스로 자신의 문제를 해결할 수 있는 능력을 가졌다는 말이다. 그런데 부모는 이것을 모른 채, 조급하게 자녀를 대신해서 무엇이든 다 해 주려 하고 그것이 자식에 대한 사랑인 줄로 착각한다. 그러다 보니 자녀가 부모에 의존

하는 비율이 높아지게 되고, 어른이 되어서도 부모의 그늘을 벗어나지 못하는 사람이 되어 버린다.

요즘 대학이나 직장에서는 과거에 볼 수 없었던 풍경들이 연출되곤 한다. 일부 대학에서는 학생 대신 부모가 교수와 상담하는 경우가 있다고 한다. 다음 학기에는 어떤 과목을 들어야 하는지, 장학금 신청은 어떻게 하는지 등 부모가 교수와 상담할 내용이 전혀 아닌 것에 대해서 상담한다고 한다. 왜 대학교에 와서까지 자신의 일을 제대로 처리하지 못하는지 답답하기만 하다. 하긴 아들을 명문대에 보낸 내 친구한테서도 이와 비슷한 이야기를 들었다. 그 친구는 교수와 면담하는 것은 아니었지만 같은 과 학생의 다른 엄마들과 모임을 갖는다고 한다. 초등학교 학부형회와 비슷하게 말이다. 그래서 내가 아니 대학에, 그것도 명문대에 아들을 보냈으면 대학생인 아들이 오죽 잘 알아서 할 텐데 아직도 부모가 나서느냐고 했더니, 그건 내가 이쪽 사정을 몰라서 하는 말이라고 했다. 엄마가 많은 정보를 가지고 있어야 아들의 대학생활, 나아가서는 진로가 보장된다고 했다. 나중에 안 것이지만 그 친구 아들이 다니는 대학만 그런 것이 아니라 다른 대학에도 이런 모임이 있다고 한다.

대학뿐이 아니다. 요즘은 직장에서도 부모의 치맛바람이 거세다고 한다. 엄마가 입사시험 보는 아들의 손을 잡고 와서 시험 보는 장소가 어디인지를 묻는 경우도 있다고 하니, 시험 보는 당사자인 아들이 앞으로 대체 무엇을 할 수 있을지 모르겠다. 얼마 전 신문에 다음과 같은 기사가 나기도 했다.

국내 대기업의 한 계열사 인사담당자는 최근 사원 어머니 면담이라는 황당한 경험을 했다. 뽑아만 주면 열심히 하겠다던 남자 신입사원이 연수를 마치고 지방으로 발령이 나자, 그 어머니가 인사부장 면담을 요청한 것이다. 아들의 우울증 진단서를 들고 회사로 찾아온 어머니는 우리 아이에게 지방근무를 시킬 수는 없다고 울먹였다. 그러나 발령은 철회되지 않았고 이 신입사원은 얼마 후 회사를 그만두었다.[1]

이런 현상은 자녀의 수가 과거보다 적어지다 보니 부모가 자녀에 대해 기대를 많이 하게 되고, 대신 자녀의 일을 처리해 주는 것이 자녀에 대한 사랑이라고 잘못 인식하기 때문인 것 같다. 과거의 나처럼 말이다. 그렇다고 자녀 스스로 하도록 방치하라는 것은 아니다. 부모가 자녀의 모든 것을 다 해 줄 수 없고, 그렇게 해 주어야 한다고 착각하지 말라는 말이다. 부모가 따라다니면서 도와주지 않아도 인간은 스스로 자신의 앞길을 헤쳐 나갈 능력이 있다는 말을 잊지 말자.

✦　　인간은 자기 스스로 자신의 문제를 해결할 수 있는 능력을 가졌다. 그런데 부모는 이것을 모른 채, 조급하게 자녀를 대신해서 무엇이든 다 해 주려 하고 그것이 자식에 대한 사랑인 줄로 착각한다.

소통하려면 제대로 알아야 한다

요즘의 세대 차이는 서로를 오해하게 만들기 쉽다. 그 세대 차이의 중심에 언어가 있다. 예를 들어, 기성세대에게 도토리는 묵을 해 먹는 재료지만, 청소년에게는 인터넷에서 화폐처럼 사용하는 것이다. '도토리' 라는 같은 말에 기성세대와 청소년은 다르게 반응한다.

구약성서의 창세기에는 노아의 대홍수 이야기가 등장한다. 노아의 후손들이 다시는 물로써 인간을 심판하지 않겠다는 하나님을 믿지 못한 결과, 바벨탑이 세워지게 된다. 자신을 불신하는 인간을 괘씸하게 여긴 하나님은 탑을 건축하는 사람들의 마음과 언어를 혼란하게 하여 멀리 흩어지게 함으로써 탑 건축을 중단시켰다. 바벨탑을 세운 지명을 바벨(Babel) 또는 바빌론(Babylon)이라고 불렀는데, 그 뜻은 '그가 (언어를) 혼잡하게 하셨다'(창세기 11 : 9)는 뜻이다. 교회를 다니지 않는 사람이라도 바벨탑에 관한 이야기는 들어 본 적이 있을 것이다. 그 탑을 건설하던 사람들이 서로의 언어를 이해하지 못해서 오해와 불신이 생기고, 그로 인해 바벨탑의 공사가 중단되었다는 이야기 말이다. 이 이야기에는 사람들 사이에서의 의사소통이 얼마나 중요한지를 알려 주는 교훈이 담겨 있다.

오늘 아침 신문에서 청소년의 가출에 관한 기사를 읽었다. 가출하는 청소년들은 우리가 생각하는 것처럼 이상한 청소년이 아니다. 단지 부모와 대화가 되지 않는 상태에서 답답함을 견딜 수 없어 가출한다는 것이다. 가출 청소년의 대부분은 부모와 말이 통하지 않는다고 한다. 말이 통하지 않아서, 우리는 그토록 소중한 자녀를 집 밖으로 내몰고 만다.

우리나라를 비롯해 비영어권 국가에서는 영어를 배우려고 난리들이다. 우리나라만 해도 유치원생부터 영어를 배워야 하느니 하지 말아야 하느니 말이 많지만, 많은 부모들은 기회만 되면, 아니 기회를 만들어서라도 자녀에게 영어를 가르치려고 온갖 노력을 다하고 있다. 방학만 되면 초등학생을 비롯한 많은 청소년들이 해외로 영어캠프를 떠난다. 국내에도 영어캠프가 있고 영어로만 의사소통을 해야 하는 영어마을도 곳곳에 세워졌다. 우리가 영어를 배우려고 노력하는 이유는, 아마 국제사회에서 영어만큼 활용도가 높은 언어가 없기 때문일 것이다. 우리나라 말 이외에 다른 외국어를 하나만 해야 한다면 영어를 선택하는 사람이 대부분일 텐데 그 이유는 아마도 그 이용가치 때문일 것이다. 인도나 싱가포르의 국가경쟁력이 그 나라에서 영어를 사용하는 데서 시작됐다는 분석도 나오고 있다.

우리나라에서 고등교육을 받은 사람은 영어를 유창하게 하진 못해도 읽을 줄은 안다. 그래서 영어권 국가에 가면 일본이나 중국에 가는 것보다 덜 답답하다. 읽을 줄은 아니까 그나마 뭐가 뭔지 알 수 있기 때문이다. 그러나 영어가 통하지 않는 일본이나 중국에 가면 음식점에서 음식조차 주문하기 어려우므로 정말 답답하다. 반면, 영어권 국가에 가면 말은 못해도 메뉴판을 볼 수 있기에 음식 정도는 주문할 수 있다.

세계화 추세로 인해 미국이나 유럽 국가들은 언어교육이 강화되고 있다. 그 이유를 알아내는 것은 어렵지 않다. 언어가 통해야 서로를 이해하고 교류가 가능하며 세계화도 이루어지기 때문이다.

요즘의 세대 차이는 서로를 오해하게 만들기 쉽다. 그 세대 차이의 중심에 언어가 있다. 예를 들어, 기성세대에게 도토리는 묵을 해 먹는 재료지만, 청소년에게는 인터넷에서 화폐처럼 사용하는 것이다. '도토리' 라는 같은 말에 기성세대와 청소년은 다르게 반응한다. 한 친구는 조카에게 영어를 가르치는데, 어느 날 노트북이라는 단어가 나왔다고 한다. 노트북(note book)은 우리말로 공책이다. 기성세대는 그렇게 배웠으므로 그것이 맞지만 요즘 아이들에게 노트북은 컴퓨터로 통한다. 영어로 컴퓨터는 laptop이다. 노트북은 콩글리시다.

또한 이전에 사용하던 언어가 요즘에는 사용되지 않아서 세대 차이를 느끼기도 한다. 예를 들면 선생님은 고무로 지우라고 하는데 학생들은 무슨 말인지 알아듣지 못하는 경우가 있다든가, 기성세대는 닥광이라는 말을 알지만 요즘 청소년들은 단무지라고 해야만 알아듣는 등의 경우이다. 선생님이 고무로 지우라고 했을 때 학생들이 멀뚱하니 선생님의 얼굴만 바라본다면 선생님은 선생님대로 학생은 학생대로 서로를 오해할 수 있다. 그래서 같은 언어로 서로의 눈높이를 맞추는 것이 필요하다.

또 하나 의사소통하는 데 있어서 중요한 것은 자신의 생각을 분명하게 표현하는 것이다. 상대방에게 자신이 원하는 것을 정확히 표현하지 않으면 상대방은 자신의 마음을 절대로 알 수 없다. 요즘 이메일이나 문자를 받다 보면 화려한 이모티콘이 많이 포함되어 있다. 어떤 경우에는 이모티콘이 문자보다 상대방의 느낌을 더 잘 전달해 주는 것 같기도 하다. 예를 들어, OTL 이나 ㅇ-)-〈과 같은 이모티콘을 보면 이 애가 참 힘들구나 하는 느낌이 팍 든다. 그러나 나는 이모티콘을 포함해서 이메일을 보내거나 문자를 보내지 않는다. 하지 않는다기보다는 못한다는 표현이 더 적합할 것 같다. 문자로 표현하는 것이 더 편하기도 하고 어떻게 이모티콘을 포함시키는 줄 모르기 때문이기도 하다. 보기는 좋지만 어떻게 하트를 만드는지, 장미꽃다발을 만드는지 나는 모른다. 그런데 얼마 전 마음을 바꾸었다. 신문에서 요즘 청소년들은 이모티콘이 없는 이메일이나 문자를 받으면 속상해하고 심지어는 상처까지 받는다는 기사를 보았기 때문이다. 오늘 딸아이에게 보내는 이메일에는 'ㅋㅋㅋ'을 포함시켰다.

말로 하기는 쉽지만, 실제 상황에서는 말처럼 하기가 쉽지 않다. 나는 딸아이의 의도를 간파하지 못한 채, 겉으로 드러나는 행동만으로 판단하고 화를 낸 적도 참 많은 것 같다. 사람들은 사랑한다는 말이나 표현 대신 상대방을 골려 주고 놀리는 경우가 있다. 그런 줄 알면서도 나는 딸아이가 날 괴롭히면 그것을 있는 그대로 그 아이의 마음으로 받아들이고 화를 낸 적도 많다. 나중에 그게 장난이고 같이 놀자는 뜻이며 사랑한다는 뜻인 줄 알고, 후회하면서 속 좁고 무지한 내가 얼마나 미웠는지 모른다.

교류분석이론에서는 사람들 사이에 의사소통이 잘 안 되는 이유를 잘 설명하고 있다. 이 이론에 따르면, 인간은 세 가지 자아상태로 되어 있고 이것은 서로 분리되어 있다. 이렇게 분리된 세 자아상태가 특이한 행동의 원천이 된다. 자아상태는 부모자아, 성인자아, 어린이자아이다. 부모자아는 프로이트의 초자아(superego)와 비슷한 개념으로, 융통성이 없고 금지사항, 독선적, 비판적 내용들이 대부분이다. 성인자아는 프로이트의 에고(ego)와 비슷한 것으로, 객관적인 현실파악자이다. 이는 개체내부의 모든 원천으로부터 정보를 수집, 정리, 분석한다. 어린이자아는 프로이트의 원초아(id)와 비슷한 것으로, 개체내부에서 자연발생된 충동, 감정과 초기경험의 반응양식이 내면화된 것이다. 상대방과 이야기할 때는 서로 같은 자아와 대화를 해야 의사소통이 원활하게 이루어진다고 할 수 있다.

예를 들어, 엄마의 성인자아가 아들의 성인자아에게 말을 하면 아들의 성인자아가 엄마의 성인자아에게 말을 해야 의사소통이 이루어진다. 만일 아들이 성인자아가 아닌 어린이자아로서 엄마의 성인자아에게 말을 하면 엄마는 자신의 성인자아로서 아들의 어린이자아에게 말을 해야 한다. 그렇지 않고 엄마의 성인자아가 아들의 성인자아에게 말을 하면 두 사람의 의사소통에는 문제가 생길 수 있다. 다음은 딸의 어린이자아가 엄마의 성인자아에게 말을 할 때, 엄마의 성인자아가 딸의 어린이자아에게 말을 함으로써 의사소통이 이루어지는 것을 보여 주는 예이다.

다음은 딸의 어린이자아가 성인자아에게 말을 할 때, 엄마의 성인자아가 딸의 성인자아에게 말을 함으로써 의사소통이 어색해지는 경우이다.

딸이 엄마한테 예쁘냐고 물어보는 것은 그냥 엄마한테 응석을 부리는 것이다. 엄마한테 객관적인 의견을 묻는 것도 아니고 질책이나 비난을 받으려는 것은 더더욱 아니다. 여기서 엄마한테 필요한 것은 딸이 무엇을 원하느냐를 파악해서 반응하는 것이다. 그저 응석을 부리고 싶어 하는지 아니면 객관적인 견해를 알고 싶은지 말이다.

서로 간에 의사를 정확히 파악하여 의사소통이 제대로 이루어지면 만사가 잘될 수 있다. 이때는 I'm OK. You're OK.가 된다.

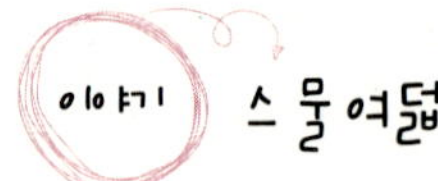

스물여덟

부모 자식 간에도
성격차이를 인정하자

이해 부족으로 갈등이 야기되고 서로 거리가 멀어지게 된다. 시간이 지나면서 그 골은 더욱 깊어진다. 자녀와의 거리가 멀어지기 전에 자녀와 사이가 좋지 않은 부모들은 한 번쯤 그들의 문제가 성격차이에서 오는 것이 아닌가에 대해 되짚어 볼 필요가 있다.

　　부부가 이혼할 때 흔히 드는 이유로 성격차이라는 것이 있다. 성격차이의 구체적인 내용에 대해서는 아직 자세하게 알려진 바가 없다. 이 말은 매우 애매모호하기는 하지만 다방면에서 편리하게 사용되고 있다. 그런데 성격차이는 부부간에만 존재하는 것이 아니다. 어느 인간관계에서든지 성격차이가 있다. 이런 차이는 인간관계에 스트레스를 주고 그 관계를 지속하기 힘들게 한다. 물론 그런 관계는 맺지 않고 살면 그만이지만, 인간관계 중에는 아무리 성격차이로 인하여 힘이 들고 스트레스를 받아도 어찌할 수 없는 경우가 있다. 그것은 바로 부모와 자녀의 관계이다.

　　부모와 자녀 간에도 성격차이가 있을 수 있다. 물론 부모와 자녀의 성격이 비슷한 경우가 더 많겠지만, '왜 우리 아들은 혹은 우리 딸은 성격이 저럴까?', '도대체 누굴 닮아서 저럴까?'라는 생각을 해 본 부모들도 상당히 많을 것이다. 자녀가 여럿이 있으면 그중에 누구는 더 예쁘고 누구는 못마땅한가? 물론 공부를 잘하고 말을 잘 듣는 자녀가 더 마음에 들 것이다. 그 외의 다른 요인을 생각해 본다면, 자신을 많이 닮은 자녀, 즉 자신과 성격이 비슷한 자녀가 더 마음에 들 것이다. 이것은 매우 당연한 일이다. 또한 부모와 사이가 좋지 않은 사주가 있다는 말도 들어 봤을 것이다. 부모와 자녀가 상극이라는 말인데, 이것도 부분적으로는 부모와 자녀 간의 성격차이 문제로 해석할 수 있을 것이다.

　　얼마 전 '주몽'이라는 드라마의 인기가 매우 높았다. 극중에서 부여국의 금와왕과 그 두 아들인 대소왕자와 영포왕자의 성격을 비교해 보면, 비슷한 면도 있지만 정반대인 면도 있다. 특히 아버지인 금와왕은 매우 정의롭고 의리가 있는 사람(물론 나중에는 아니지만)으로 나타나는데 반해, 두 아들은 정의와는 거리가 먼 비열한 인간으로 묘사되고 있다. 만일 이들이 부모와 자녀와의 관계로

맺어지지 않고 다른 인간관계에 놓였다면 그들은 원수나 적이 될 가능성이 높다. 가치가 다른 두 사람이 가까운 관계에 있기는 어렵기 때문이다.

물론 성격이 다르면 좋은 점도 있고 나쁜 점도 있다. 좋은 점은 서로 부족한 면을 보완해 줄 수 있다는 점이고, 나쁜 점은 상대방에 대한 이해가 쉽지 않다는 점이다. 예를 들어, 매사를 계획적으로 생활하는 부모는 아무 계획 없이 그때그때 기분이 내키는 대로 결정하고 행동하는 자녀를 도저히 이해하기 힘들다. 말로는 장래에 의사가 되겠다고 하는데 의사가 될 준비는 하나도 하지 않는 자녀를 어떻게 받아들여야 할지 고민이 된다. 부모 생각에는 의사가 되려면 의대에 진학해야 하고, 그러기 위해서는 수학과 과학에 더 집중하면서 공부도 열심히 해야 하는데 자녀는 친구들과 놀러만 다니고 그림만 그리고 있기 때문이다. 그러면서도 자기가 다 알아서 할 테니 걱정 말라고 한다. 그러다 보면 이해 부족으로 갈등이 야기되고 서로 거리가 멀어지게 된다. 시간이 지나면서 그 골은 더욱 깊어진다. 자녀와의 거리가 멀어지기 전에 자녀와 사이가 좋지 않은 부모들은 한 번쯤 그들과의 문제가 성격차이에서 오는 것이 아닌가에 대해 되짚어 볼 필요가 있다.

융(Jung)의 이론을 근거로 개발된 〈MBTI〉라는 성격검사로 부모와 자녀의 성격차이를 이해해 보기로 하자. 이 검사는 인간은 어떤 과제를 수행하는 데 있어 기본적인 4가지의 정신적 혹은 심리적 선호경향이 있다고 본다. 4가지 선호경향은 각각 힘의 근원, 사물을 보는 관점, 의사결정의 근거, 생활양식에 관한 것이다. 힘의 근원에 대한 선호경향은 외향성과 내향성의 두 가지 방식이다. 사물을 보는 관점에 대한 선호경향은 감각과 직관이 포함되고, 의사결정의 근거에 대한 선호경향에는 사고와 감정, 생활양식에 대한 선호경향에는 판단과 인식이 포함된다. 외향성과 내향성, 감각과 직관, 사고와 감정, 판단과 인식은 서로 반대되는 특성을 보인다.

외향성을 선호하는 사람은 주위 사람들이나 사물들로부터 에너지를 얻는다. 이들의 흥미는 광범위하고 사람이나 사물에 대해 지속적인 관심을 갖는다. 한편, 내향성을 선호하는 사람은 자신의 내부세계에서 에너지를 얻는다. 외향성인 사람의 생각을 알고 싶으면 그저 그가 말하는 것을 들으면 되지만, 내향성인 사람의 생각을 알고 싶으면 그에게 질문을 해야 한다. 외향성이 강한 자녀들은 부모로부터 "다른 사람한테 신경 쓰지 말고 네 일이나 잘해라." 혹은 "다음에는 말하기 전에 생각 좀 해라."라는 말을 듣기 일쑤이다. 내향성이 강한 자녀들은 "거기 그냥 앉아만 있지 말고 뭔가 좀 해라." 혹은 "답답해 죽겠다. 뭐라고 말 좀 해 봐라."라는 말을 많이 듣는다.

감각과 직관의 선호경향은 개인이 어떻게 정보를 수집하는가와 관련이 있다. 감각형 사람은 바로 실제적으로 벌어지는 사실에 근거해서 정보를 수집하지만, 직관형 사람은 우리가 육감, 직감, 예감 등으로 부르는 것에 의해서 정보를 수집한다. 감각형의 자녀는 부모가 보았을 때 고지식하게 느껴질 때가 많다. 무엇이든 항상 같은 방식으로 한다. 반면, 직관형의 자녀는 언제나 다른 방식으로 행동하는 것을 원한다.

사고와 감정의 선호경향은 개인이 결정하는 방식 혹은 결론에 도달하는 방식과 관련이 있다. 사고형은 논리적으로 원인과 결과에 근거해 결정하고, 감정형은 자신과 다른 사람들에게 가치 있는 것이 무엇인가에 의해 결정한다. 극단적인 사고형 자녀는 부모가 보기에 냉정하고 기계 같은 느낌이 들 수 있다. 반면에 극단적인 감정형 자녀는 너무 감상적이고 매사를 개인적으로 받아들이는 느낌이 들 수 있다. 새로 산 옷이 잘 어울리지 않는 것 같아 자녀에게 어떠냐고 물으면 사고형 자녀는 솔직하게 옷이 어울리지 않는다고 말할 것이고, 감정형 자녀는 그 옷보다는 다른 옷이 엄마한테 더 잘 어울릴 거라고 간접적으로 말할 것이다.

판단과 인식의 선호경향은 개인의 선택하는 양식과 관련이 있다. 판단형은 미리 계획하고 조직된 방식을 선호하고, 인식형은 개방적인 상태로 즉흥적인 방식을 선호한다. 판단형의 자녀는 방을 깨끗하게 정리 정돈하고, 인식형의 자녀는 자신의 방뿐 아니라 집안 전체를 어지럽힐 것이다.

결국 4가지 선호경향에 따라 16가지 성격유형이 존재하게 된다. 16가지 성격유형이 아니라 4가지 선호경향만 보더라도, 부모와 자녀 간에 차이가 존재한다면 갈등과 스트레스가 많을 수밖에 없다는 것을 알 수 있다. 그 차이가 크면 클수록 갈등과 스트레스도 클 것이다. 부모와 자녀의 성격이 비슷하면 서로를 잘 이해하겠지만 다르면 이해하기가 쉽지 않다. 친구들과 공부해야만 공부가 잘 된다는 자녀를 보면서 어떤 부모는 '나는 옛날에 혼자서 해야 공부가 잘 되었는데 애는 왜 그럴까? 그냥 친구와 놀고 싶어서 그러는 걸까?'라고 생각할 수 있다. 학원에 가서 공부하면 오히려 숨이 막혀서 싫다고 차라리 혼자 하거나 과외를 하고 싶다는 자녀를 보면서, '나는 옛날에 학원에 가서 공부를 해야 공부하는 것 같았고, 공부도 더 잘 되었는데 애는 왜 이럴까? 공부하기 싫어서 그러는 걸까?' 라고 생각할 수도 있다. 성격이 다르면 공부하는 방식도 다르고 의사소통하는 방식 등도 다르다. 왜 내 자녀는 내가 생각하는 대로 움직여 주지 않을까를 고민하지 말고, 그것은 성격차이일 수 있다고 생각해 볼 필요가 있다. 그렇게 되면 오히려 상대방의 성격을 이해하려 노력할 테고, 서로 이해하게 되면 부모와 자녀 사이의 갈등과 스트레스는 대폭 감소될 수 있다. 자녀를 부모한테 맞추려고만 하지 않고, 서로의 성격차이를 인정한다면 부모와 자녀의 관계에서 갈등은 상당히 감소할 것이다.

고래도 춤추게 한다는 칭찬요법은 뭘까?

부모가 '이런 공부를 해라, 이런 대학을 가라, 이런 전공을 택해라' 라고 할 때, 자녀가 그것을 순순히 따를 확률은 적다. 적어도 자신이 수긍을 해야 그 목표를 위해 열심히 노력할 것이다. 강화가 되어야 한다는 말이다. 그럼 어떻게 강화를 시킬 것인가?

처음 『칭찬은 고래도 춤추게 한다』는 책이 나왔을 때 책 제목이 참 기가 막히게 좋다고 생각했다. 솔직히 그저 책 제목과 간단한 서평만 보았을 뿐 아직 읽어 보지는 못했다. 책 제목을 보면 고래가 춤추는 장면이 연상되면서, 과연 칭찬이 고래를 춤추게 할 정도의 힘을 가졌을까 하는 생각을 하게 한다. 여기서 말하는 고래는 범고래인데 영어로는 killer whale이라고 한다. 돌고래와는 비교가 안 될 정도로 아주 덩치가 큰 고래인데 수컷은 길이가 10m, 암컷은 7m 정도라고 한다. 칭찬은 이런 고래도 춤추게 한다는 것이다.

칭찬과 고래의 춤의 관계는 심리학 용어인 강화에 의해서 설명이 가능하다. 강화는 어떤 행동의 빈도를 증가시키는 것이다. 이것은 스키너라는 유명한 행동주의 심리학자가 스키너상자라는 도구를 이용해서 유명한 실험을 한 것으로부터 알려졌다. 상자 안에는 지렛대와 먹이 접시가 있고, 상자 안에 쥐를 넣어 놓으면 쥐는 이리저리 상자 안을 돌아다니다가 우연히 지렛대를 누르게 되는데 그때 먹이가 접시로 떨어진다. 처음에는 우연히 지렛대를 눌러서 먹이를 얻었지만 나중에는 그것이 학습되어 먹이를 원할 때마다 지렛대를 누르는 행동을 한다. 먹이는 쥐에게 강화물이 되고 지렛대를 누르는 것은 학습시키고 싶은 행동이 된다. 그러고 보면 칭찬은 고래를 춤추게 하는 강화물로 작용한다는 것을 알 수 있다.

이와 같은 현상은 우리 주위에서 흔하게 볼 수 있는데, 몇 가지 예를 들어 보겠다. 우리 학교에 계시는 선생님의 딸에 관한 이야기이다. 그 선생님과 이런 저런 얘기를 하다가 그 선생님의 딸 이야기가 나왔다. 딸이 외고에서도 공부를 아주 잘한다는 것이다. 그래서 참 좋으시겠다고 했더니, 그 선생님 말씀이 처음부터 공부를 잘한 것은 아니라고 했다. 중학교 때에는 그저 외고에 간신히 붙을 정도였고, 사실 붙을 수 있을지도 확신할 수 없는 수준이었다고 한다. 그런데 외고에 가서 본 첫 시험을 생각보다 잘 보았는데 그 이후 아이가 공부에 자신을 얻어서 고등학교 시절 내내 공부를 잘하더라는 것이다. 여기에서 강화물은 시험을 잘 보았다는 것이다. 시험을 잘 보았다는 것 자체가 아니라, 그로 인해 부모나 교사로부터 칭찬을 받았다거나 친구들로부터 부러움의 대상이 되었다거나 자신감을 얻었을 것이다. 정확히 무엇이 강화물로 작용했는지는 모르겠지만, 당시 시험을 잘 보려는 행동을 하도록 하는 무엇인가가 있었을 것이다.

아이비리그에 자녀를 입학시킨 엄마들 중 어떤 엄마는 이런 얘기를 했다. 특별히 뒷바라지한 것은 없고, 지금 생각해 보니 미국에 잠시 있었던 적이 있는데 그때 아이를 데리고 하버드, 예일, 프린스턴 등 아이비리그 대학캠퍼스를 여행했단다. 하버드대학 교정에 가면 동상이 하나 있는데 그 사람의 왼쪽 발을 만지면 다시 하버드에 돌아온다는 믿거나 말거나 하는 이야기도 있었다. 그것이 아이에게 아이비리그 대학에 가고 싶은 마음을 갖게 해 준 것이 아닌가 싶다는 것이다. 여기서도 강화의 원리는 적용된다. 아이비리그 대학에 가지 않더라도 아이비리그의 대학들이 어떤 곳인지 알고 있고, 부모에게 그러한 대학에 진학하고 싶다는 희망을 말한다면 대부분의 우리나라 부모들은 대견해할 것이다. 아이비리그의 대학을 둘러보면 그 분위기에 취해 나도 이런 곳에서 공부하고 싶다는 마음이 들 가능성이 높다. 우리나라의 대학도 마찬가지일 것이다. 미리 목표로 한 대학을 둘러보면 말이다. 부모의 흐뭇한 모습을 보는 것과 부모로부터 받는 칭찬과 격려는 아이비리그 대학을 가기 위해 열심히 공부하도록 하는 강화물로 작용할 것이다.

부모가 '이런 공부를 해라, 이런 대학을 가라, 이런 전공을 택해라' 라고 할 때, 자녀가 그것을 순순히 따를 확률은 적다. 적어도 자신이 수긍을 해야 그 목표를 위해 열심히 노력할 것이다. 강화가 되어야 한다는 말이다. 그럼 어떻게 강화를 시킬 것인가? 많은 경험을 하도록 돕는 것이 하나의 방법일 수 있다. 물론 경험을 했다고 해서 다 강화가 되는 건 아니겠지만, 그 경험이 본인에게 긍정적이었다면 자연적으로 강화가 되어 그렇게 되기 위해 노력할 것이다.

나는 딸아이가 여러 언어를 공부하길 바랐다. 그런데 언어에는 특별히 관심이 없고 만화만 좋아하는 것 같아 좀 속이 상했었다. 그러던 어느 날 아이가 일본어를 공부하고 싶다고 했다. 일본만화를 좋아하다 보니 일본어를 조금만 알아도 더 재미있게 느껴지는 모양이었다. 인터넷으로 일본만화를 다운받아 보는 재미도 느끼게 되었나 보다. 조금 알게 된 일본어(물론 다 만화를 통해서이지만)가 일본어를 공부하고 싶다는 마음이 들게 했고, 스스로 답답함을 느껴 일본어를 혼자 공부하기 시작했다. 그러던 어느 날에는 독일어를 공부해야겠단다. 왜 그러느냐고 했더니 일본만화 〈노다메 칸타빌레〉의 영향이라고 했다. 그 만화가 음악을 주제로 해서인지 독일유학이나 독일에 관한 내용이 있었던 모양이었다. 물론 그 만화의 무대는 일본과 프랑스이다. 음악에도 관심을 가지게 되니까 독일어를 한다는 것이 무척 중요하게 생각되었고, 독일어를 하게 됨으로써 얻는 좋은 점이 독일어를 공부해야겠다는 결심의 강화물이 된 셈이다.

이렇게 보면 강화물의 종류는 매우 많은 것 같다. 강화물은 크게 1차 강화물과 2차 강화물로 나눌 수 있다. 1차 강화물은 무조건 강화물이라고도 하는데, 이것은 생존이나 생물학적 기능에 중요한 자극이나 사건들이다. 예를 들면, 배고픈 사람에게는 음식이, 목마른 사람에게는 물이 여기에 해당한다. 그러나 1차 강화물이 일상생활에서 인간의 학습에 영향을 주는 경우는 많지 않을 것이다. 2

차 강화물은 원래 강화를 하지 않는 것이었는데 특정 경험 때문에 강화물이 되는 것이다. 이런 자극이 강화물이 되기 위해서는 조건이 필요한데, 여기에는 칭찬, 좋아하는 만화, 좋아하는 음식, 하고 싶은 취미생활 등 다양한 것들이 포함된다.

강화물에 대한 설명을 보면 같은 강화물이라고 해도 어떤 사람에게는 강화물로 작용하는 반면, 어떤 사람에게는 그렇지 않을 수도 있다는 사실을 알 수 있다. 예를 들어, 피자가 아이들에게 강화물로 작용할 가능성은 매우 많으나 모든 아이들에게 적용되지는 않을 것이다. 만약 피자를 먹고 체한 경험이 있어서 피자가 싫어진 아이가 있다면 피자는 강화물이 아니라 벌이 될 것이다. 또한 칭찬이 강화물로 작용할 가능성은 매우 높지만, 자신이 칭찬받을 자격이 없다고 생각하거나 좋아하지 않는 사람으로부터 칭찬을 받는 것은 강화물로서의 역할을 제대로 하지 못할 것이다.

상담 기법 중 긍정화(positive reframing)라는 것이 있다. 이것은 내담자의 말, 행동, 태도 등에서 긍정적인 면을 발견하여 그 점을 부각시키는 기법이다. 이 방법을 자녀교육에 적용시키면 두 가지 좋은 점이 있다. 하나는 청소년이 되면서 서먹서먹해진 자녀와의 대화를 쉽게 풀어 가는 실마리가 될 수 있다는 점이다. 다른 하나는 자녀가 꿈을 향해 나아가도록 하는 데 도움이 될 것이라는 점이다. 왜냐하면 긍정화는 결국 칭찬이 되고 그것은 강화물로 작용할 테니까 말이다.

물론 강화를 해 주는 것이 그리 쉬운 일만은 아니다. 첫째로 우리 아이에게 무엇이 강화물이 될 수 있는지를 알아야 한다. 만화잡지 1년 구독이 강화물이 되는 아이도 있을 것이고, 그런 것은 아무 소용이 없는 아이가 있을 수도 있다.

결국 강화를 잘 하기 위해서는 우리 아이를 잘 이해하고 잘 알고 있어야 한다. 적절한 말은 아니지만 '지피지기면 백전백승'이라는 말이 생각난다. 그리고 여기에는 자녀의 흥미, 능력, 목표 등에 대한 이해도 필요하다. 만일 아이가 미술에 관심이 있는데 수학과 관련된 행동을 강화하려 한다거나, 음악에 전혀 소질이 없는데 예고나 음악대학에 다니는 사람의 연주 실력을 기준으로 삼는다면 강화는 효과는커녕 역효과만 거둘 것이다. 둘째, 처음에는 강화를 통한 행동의 변화를 가져온다고 해도 강화는 결국 외부적인 동기이다. 예를 들어, 중간고사 시험을 잘 보면, MP3를 새로 사 주겠다고 약속을 했다고 하자. MP3는 강화물로의 역할을 훌륭하게 해낼지 모른다. 그러나 학기말 고사는 어떻게 할 것인가? 매번 어떤 물건이나 돈으로 강화를 시킬 수는 없을 것이다. 처음에는 무엇으로 시작해도 좋겠지만 결국 나중에는 어떤 행동을 함으로써 스스로 강화를 받는 경험을 하도록 하는 것이 중요하다. MP3 때문에 공부를 열심히 해서 좋은 성적을 받아 원하던 MP3를 받고 보니 자기가 원하던 것을 얻어서 좋기도 하지만, 공부해서 얻은 보람이나 그 과정도 좋았던 경험이 있다면 나중에는 스스로 열심히 공부하게 될 것이다.

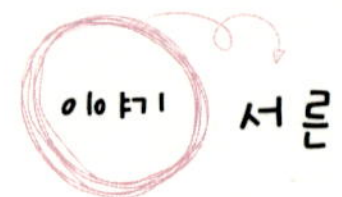

다른 사람에겐 관심 없어

요즘 청소년들은 다르다. 좋으면 좋은 대로 싫으면 싫은 대로 자신의 감정을 표현한다. 그렇기 때문에 기성세대보다 정신적으로 더 건강할 수 있다.

우리나라 사람들은 다른 사람에 대해 관심이 많다. 어느 사회에서나 다른 사람에 대한 관심은 있겠지만, 우리나라 사람들의 다른 사람에 대한 관심은 특별하다. 이것은 좋게 보면 정이 많아서이고, 나쁘게 보면 개인의 프라이버시에 무심해서라고도 할 수 있다. 아울러 다른 사람이 자신을 어떻게 생각하는지에 대해서도 관심이 많다. 그래서 우리 사회에는 체면이라는 것이 있는지도 모르겠다. 우리 속담에 '체면 차리다 굶어죽는다' 는 말이 있다. 이것은 그만큼 다른 사람에게 자신이 어떻게 비춰지는가에 관심이 많다는 이야기다. 그런데 이러한 우리 문화의 특징이 요즘 사회에서 점점 사라지는 것 같다. 이러한 특징을 고스란히 가지고 있는 기성세대에 비해 청소년들은 다른 사람에게 관심이 없다. 이것이 오늘날 우리 사회에서의 세대 차이를 만들어 내는 요인 중 하나가 될 수도 있다는 생각이 든다.

요즘 청소년들의 특징은 다른 사람에게는 관심도 없고 다른 사람을 생각하는 마음도 적다는 것이다. 오직 자신에게만 관심이 있어 보이고 다른 사람에게도 자신에게만 관심을 가져 달라고 한다.

내가 어렸을 때 부모님은 내가 몇 학년, 몇 반, 몇 번인지 알지 못하셨다. 아마 그 당시 대부분의 부모님들이 그랬을 것이다. 그리고 부모님이 그러한 사실을 모르신다고 해도 섭섭하다는 생각을 해 본 적은 없는 것 같다(물론 지난일이니까 이렇게 생각하는지도 모르겠다). 하지만 요즘 자녀들은 자기가 몇 반인지도 모르는 부모님을 절대로 이해하지 못한다. 주위에서 아이가 자신이 몇 반인 줄 아느냐고 물어서 모른다고 했다가 혼이 난 부모를 많이 보았다. 아이는 부모가 자신이 몇 반인지 알아주기를 바랐는데, 부모가 모른다고 했으니 울고불고 난리였다고 한다. 과거와는 달리 요즘엔 외동아이들이 많다 보니 부모의 관심과 사랑을 한 몸에 받게 되고, 이러한 경험 때문에 조금만 부모의 관심이 적어졌다고 느껴도 섭섭해할 수 있다.

몇 해 전, 20여 명의 청소년을 대상으로 진로지도 강의를 한 적이 있다. 어떤 종교단체에서 주선한 강의였는데, 나는 강의 전에 그들의 성격검사를 미리 했고, 그 결과와 진로를 연관 지어 설명하려고 했다. 처음에는 좀 소란스러웠다. 내가 하는 강의에도 관심이 없어 보였다. 청소년들을 대상으로 한 강의는 처음이어서 좀 당황스러웠지만 계획했던 대로 강의를 계속했다. 그러다 성격검사 결과와 그에 맞는 진로에 대한 이야기를 하기 위해 그중 대표를 뽑아 그 청소년의 성격검사 결과를 소개하고, 그 청소년에게는 이러저러한 직업이 잘 맞는다는 이야기를 했다. 그랬더니 그동안 강의 내용에 관심이 없던 청소년들이 내 이야기가 끝나자 서로 자신을 예로 들어 이야기해 달라고 야단이었다. 강의가 끝났는데도 그 청소년들은 자신의 검사결과와 진로에 대해 말해 달라고 하면서 줄을 섰다. 결국 점심시간 동안 나는 그들과 진로상담을 했다. 나와 상담한 청소년들은 점심까지 포기했다. 왜냐하면 그 후로도 다른 프로그램이 있었기 때문이다. 그날의 기억은 오래도록 나로 하여금 여러 가지 생각을 하도록 만들었다. 강의에는 관심이 없던 청소년들이, 자신의 친구를 예로 들어 이야기할 때조차 관심이 없던 청소년들이 자신의 진로에 대해서는 어쩌면 그렇게 진지하고 열심인지 모르겠다. 그것도 점심 먹는 것을 포기할 정도로 말이다.

인터넷에서의 댓글도 이와 같은 맥락이다. 댓글은 다른 사람에게 보이는 관심 같지만 그보다는 자기주장에 가깝다. 악플은 특히 다른 사람을 배려하지 않는 것이다. 인터넷상의 익명성으로 인하여 악플은 개인의 스트레스 해소용으로 사용되기도 한다. 이것은 전형적으로 다른 사람에게 관심 없음을 보여 주는 것으로, 악플로 인해 피해자가 자살을 할 수도 있다는 사실을 알지도 못하고 관심도 없는 이기적 사고의 전형적인 모습이다.

다른 사람에 대한 관심의 좋은 점은 사람냄새가 난다는 것이다. 다른 말로 하면 그것은 정(情)이다. 우리나라를 좋아하는 많은 외국인들은 다른 문화권에서 보기 힘든 정의 문화 때문에 한국이 좋다고 한다. 다른 사람에 대한 관심은 따뜻함이자 배려이다. 다른 사람에 대한 관심이 없어지면 우리는 인간다움을 잃게 된다.

어떤 경우에는 다른 사람에 대한 관심이 있어도 되고 없어도 되는 그런 차원이 아니라 꼭 필요한 경우도 있다. 차이코프스키 콩쿠르 심사 위원이었던 김남윤 씨는 국제콩쿠르에 참가한 한국 아이들이 콩쿠르에서 떨어지면 곧바로 짐을 싸서 귀국하는 반면, 외국 아이들은 자기 연주가 끝난 뒤에도 객석에 앉아 남의 연주를 귀담아 듣는다고 한다.[1] 한국 아이들의 이러한 행동은 다른 사람의 연주에는 관심이 없고 자신의 연주에만 관심이 있기 때문에 나타나는 현상이다. 국제콩쿠르에 나갈 정도의 실력을 가진 연주자의 연주를 들으면 배울 점이 참 많을 것이라고 본다. 우리나라의 청소년들이 외국 청소년과 같은 태도를 가지게 된다면 지금보다 훨씬 더 훌륭한 음악가가 될 수 있을 것이라 생각한다. 참 안타까운 일이다.

그 대신 다른 사람에 대한 관심이 없는 것의 좋은 점들도 있다. 우선은 자신의 감정에 충실해질 수 있다는 점이다. 기성세대들은 다른 사람들 때문에 싫어도 싫은 척을 못하고 좋아도 좋은 척을 못하는 경우가 많았었다. 하지만 요즘

---

1 조선일보(2007. 2. 21), "국제 콩쿠르 간 한국 아이들 떨어지면 곧바로 짐 싸"

청소년들은 다르다. 좋으면 좋은 대로 싫으면 싫은 대로 자신의 감정을 표현한다. 그렇기 때문에 기성세대보다 정신적으로 더 건강할 수 있다.

청소년들이 다른 사람에게 관심이 없다는 것은 우리나라 속의 일류(日流)를 보면 잘 알 수 있다. 한류(韓流)가 일본의 중년여성이 중심이라면 일류는 한국의 젊은이가 중심이고, 일류는 현재 일본 내 한류 못지않게 우리에게 퍼져 있다. 일본 대중문화 동호회인 일본TV의 회원은 49만 1000명이라고 한다. 2007년 3월 종영한 일본 TBS드라마 〈꽃보다 남자 2〉는 매주 금요일 현지에서 방영이 끝나면 국내 인터넷 검색어 순위 1위에 오른다고 한다(필자도 보았는데 매우 재미있다. 1편이 더 재미있다).[2] 뿐만 아니라 일본식 선술집이 대학가에 즐비하고, 신촌, 홍대 앞, 이대 앞 등에서는 일본문자가 인쇄된 티셔츠를 입은 젊은이들을 쉽게 볼 수 있다. 한국 속의 일류가 이렇게 당당하게 퍼진 것은 여러 이유가 있겠지만, 그중 하나는 요즘 젊은이들에게는 다른 사람이 어떻게 생각하느냐보다 자신이 어떻게 생각하느냐가 중요하기 때문이다. 더 이상 다른 사람이나 주변의 눈치를 보지 않는다는 것이다. 그럼으로써 보다 주체적인 삶을 살아갈 수도 있고 다양성에 대한 포용성도 키울 수 있으며 개성 있는 인간이 될 수도 있을 것이다.

기성세대들이 반일 감정 앞에서 자신의 선호를 표현하지 못했던 것에 비하면 요즘 청소년들은 반일 감정과 문화에 대한 선호는 다르다면서 자신의 일류 선호를 적극적으로 표현한다. 이들이 이런 태도를 가질 수 있는 것은 아마도 다른 사람이 어떻게 생각하는지에 대한 관심이 적어졌기 때문일 것이다.

---

2 동아일보(2007. 4. 24), 일본대중문화 개방 9년 한국 속의 '日流' 현 주소

요즘 청소년들은 반일 감정과 문화에 대한 선호는 다르다면서 자신의 일류 선호를 적극적으로 표현한다. 이들이 이런 태도를 가질 수 있는 것은 아마도 다른 사람이 어떻게 생각하는지에 대한 관심이 적어졌기 때문일 것이다.

개방적인 디지털 키즈

요즘 청소년들이 자신을 경쟁적으로 공개하는 것을 보면서 나는 결국 청소년들이 자신의 사생활을 공개하면서 얻고자 한 것은 관심과 사랑이 아닐까 하는 생각이 든다. 이들은 '나를 봐 주세요. 나에게 관심을 가져 주세요. 나를 이해해 주세요. 나를 사랑해 주세요.'라고 우리에게 말하는 것이다.

얼마 전 동아일보에서 디지털 키즈라는 제목으로 요즘 청소년의 특성을 특집으로 다룬 적이 있다. 그중에서 나의 관심을 끈 것은 '거리낌 없는 사생활 공개'라는 제목의 글이었다. 내용을 보니 요즘 청소년들은 자신의 성적표나 이성친구의 사진과 같이 매우 개인적인 것까지 개방한다는 것이었는데 기성세대인 나로서는 조금 충격적이었다. 대부분의 기성세대들은 성적표를 공개한다고 하면 전 과목이 수인 성적이 좋은 성적표를 떠올릴 것이다. 하지만 천만의 말씀이다. 청소년들은 성적에 상관없이 성적표를 공개한다. 그래서 양가집 규수의 성적표도 인터넷에서 심심찮게 볼 수 있다고 한다. 여기서 양가집 규수의 성적표라 함은 모든 과목이 양 혹은 가를 받은 성적표를 말한다. 이 점이 과거와 다른 것 같다.

이성친구의 사진 공개도 마찬가지다. 이성친구가 그만큼 멋져서가 아니라 평범해도 공개한다. 심지어는 이성친구와 키스하는 사진을 올리기도 하고, 이성친구의 사진을 올려놓고 점수를 매겨 달라고 하는 청소년들도 있다고 한다.

이와 같이 개방적인 현상에 대해 혹자는 다음과 같이 설명한다. 인간에게는 원래 표현의 욕구가 있는데 대체로 타인의 눈을 의식해 이 욕구를 억누르고 산다고 한다. 그런데 익명성이 보장되는 인터넷의 등장으로 인해 타인을 의식할 필요가 적어졌기 때문에 인간 본연의 표현욕구가 이렇게 분출된다는 것이다. 물론 이것이 매우 일리 있는 주장이라는 데 전적으로 동의하는 바이다. 그런데 바로 이 순간 왜 나는 자꾸 제비꽃이 생각나는지 모르겠다. 제비꽃뿐만 아니라 팬지도 생각나고 로즈메리도 생각이 난다. 호랑이꽃이라는 보지 못한 꽃도 생각나고 물망초도 생각이 난다. 제비꽃, 팬지, 로즈메리의 꽃말은 '나를 생각해 주세요'이다. 호랑이꽃은 '나를 사랑해 줘요'이고, 물망초는 '나를 잊지 말아요'이다. 요즘 청소년들이 자신을 경쟁적으로 공개하는 것을 보면서 나는 결국 청소년들이 자신의 사생활을 공개하면서 얻고자 한 것은 관심과 사랑이 아닐까 하는 생각이 든다. 이들은 '나를 봐 주세요. 나에게 관심을 가져 주세요. 나를 이해해 주세요. 나를 사랑해 주세요.'라고 우리에게 말하는 것이다.

과거에는 아이들이 부모의 관심을 끌고 사랑을 확인하기 위해 아픈 척을 하기도 하고 말썽을 부리기도 했다. 아프다고 하면 부모는 평소보다 아이에게 더 관심을 가져 주고 애정 표현도 더 많이 하게 마련이다. 얌전하게 아무 일 없이 지내면 부모는 아이에게 무관심할 수도 있다. 옛날에는 자녀 수가 많고 먹고살기도 힘들어서 부모가 지금처럼 자녀에게 관심을 보일 여유가 없었다. 하지만 싸움을 한다거나 말썽을 부리면 부모는 관심을 보이게 된다. 이런 과정을 통해서 아이들은 부모의 사랑을 확인하는 것이다.

청소년들이 자신의 사생활을 공개하는 것도 같은 맥락이라고 본다. 청소년들은 자신의 미니홈피나 블로그의 방문자 수를 늘리는 데 관심이 많다. 방문자 수가 자신에 대한 관심이라 생각하기 때문에 방문자 수를 높이려고 엄청난 노력을 한다. 결국 자신이 할 수 있는 것 중 최고의 방법이 사생활의 공개이므로 이들은 개방적이 될 수밖에 없는 것이다. 사람들을 모으려면 평범해서는 안 되고, 좀 더 파격적이며 자극적이어야 한다. 그래서 새로 개업하는 가게에서는 도우미를 고용하여 사람들의 시선을 끌고자 하는 것이 아닌가?

시선을 끌고자 하는 예로 외국의 경우를 살펴보자. 미국대학의 게시판을 보면 갖가지 광고가 정신없이 붙어 있다. 자신이 살고 있는 집을 다시 세를 놓겠다는 것도 있고, 스포츠경기 관람표를 싸게 팔거나 사고 싶다는 것도 있고, 중고 물건을 판다는 것도 있고, 아르바이트를 찾는다는 등의 다양한 광고가 있다. 그런데 가끔 보면 사람들의 시선을 끄는 광고가 눈에 띈다. 예를 들어, free hedgehog(고슴도치 공짜로 드립니다)와 같은 것이다. 사람들은 호기심 때문에 수많은 광고 중에서 그 제목의 광고를 보게 된다.

여러 가지 사례를 살피다 보니 처음에 청소년들의 개방성에 대한 거부감, 생소함, 거리감, 놀라움 등의 부정적인 생각이 사라지고, 이들에게 미안한 마음이 든다. 얼마 전 신생아 학대 홈피 사건도 같은 맥락이다. 이들이 저지른 행동의 엄청남에 비해 그 이유는 너무 단순했다. 그들은 단지 자신의 미니홈피에 방문자가 많이 와서 조회 수를 늘리고 싶었을 뿐이다. 인정받고 싶었던 것이다. 청소년들은 사랑받고 싶은 것이다.

과거보다 부모가 자녀에게 관심과 사랑을 더 베푸는데 왜 요즘 청소년들은 이렇게까지 관심과 사랑이 필요한 걸까? 그것은 사람들이 과거보다 시간적 여유가 없기 때문일 수 있다. 부모는 부모대로, 자녀는 자녀대로 너무 바쁘게 살고 있다. 우리에게 삶의 여유가 많지 않은 것이 사실이다. 특히 청소년의 하루 일과를 보면 저래서 어떻게 살까 하는 생각까지 든다. 학교에서 보내는 시간이 너무 많기 때문이다. 고등학생의 경우, 오전 7시 전후에 등교해서 밤 9~10시까지 공부하는 경우가 대부분이다. 학교에서 돌아오면 학원에 가서 공부하고 집에는 몇 시에 들어오는지도 모르겠다. 이것은 고등학생만의 이야기가 아니다. 그 연령대가 점점 내려가서 이제는 초등학생도 고학년이 되면 이와 같이 바쁜 생활을 하게 마련이다. 얼마 전 고등학생 딸을 둔 동창의 문자를 받았다. 동창회에 나오라는 것이었는데 문자를 보낸 시각이 새벽 1시 20분이었다. 그 동창을 만나서 그 시간에 문자를 보내면 어떡하냐고 투정을 했더니 대부분의 고등학생 엄마들에게 그 시간은 대낮이라는 것이다. 학원에 간 자녀를 기다리기 때문이란다. 자녀의 얼굴은 보고 자야 하지 않겠느냐고 하면서 말이다. 이러니 한집에 살아도 부모와 자녀가 대화를 할 시간이 절대적으로 부족하여 사랑을 확인할 시간이 없다. 아무리 사랑하는 사이라도 서로의 사랑을 확인할 기회가 적으면 멀어지기 마련이다.

대화의 양뿐 아니라 질도 문제다. 시간이 있어도 부모와 자녀는 서로 거리감이 있어서 대화를 제대로 하지 못하기도 한다. 오랫동안 이들 사이의 대화는 아주 기본적인 것에 관한 내용이었기 때문에 서로를 잘 이해하지 못한다. 특히 부모 세대가 자신이 자란 환경과 다른 환경에서 성장한 자녀의 문화를 이해하지 못해서 더욱 그렇다. 얼마 전 처음으로 딸아이와 메신저로 채팅을 했다. 나는 표현은 하지 않았지만 감격스러웠다고 할 정도로 몹시 기분이 좋았다. 그런데 채팅 중 딸아이가 말하길, 엄마한테서는 감정이 느껴지지 않는다면서 그만하자고 했다. 뭐랄까, 정확하진 않지만 마치 배신당한 느낌이랄까? 나는 그런 느낌이 들었다. 지나고 나서 곰곰이 생각해 보니 문제는 의사소통 방식에 있었던 것 같다. 딸은 주로 이모티콘으로 채팅을 하고 나는 글로써 채팅을 했다. 이모티콘이 가슴에 팍팍 와 닿는 것에 비해 글은 아무래도 감정의 전달이 어려운 것 같다. 적어도 요즘 청소년에게는 글보다 이모티콘이 의사전달에 더 유용한가 보다. 어찌 됐든 청소년 방식의 채팅방법이나 표현을 모르니 당연한 일이지만 서로 간의 다름은 대화를 빈곤하게 했다.

그러나 무엇보다도 중요한 이유는 아마 풍요 속의 빈곤이 아닐까 싶다. 과거에는 대부분 형제가 여럿이었기 때문에 혼자서만 부모의 사랑과 관심을 독차지하지는 못했다. 지금 생각하면 방목에 가까울 정도로 아이들은 스스로 성장했던 것 같다. 그때는 대부분이 그렇게 성장했다. 하지만 지금 대부분의 가정에는 아이가 하나 또는 둘 정도이고 부모들은 그런 자녀에게 온갖 정성을 들이면서 키우고 있다. 과거보다 부모의 관심과 사랑표현은 확실히 커졌다. 문제는 대부분의 자녀가 이런 관심과 사랑을 받다 보니 이를 별것 아닌 것처럼 느끼기 쉽다는 점이다.

결과적으로 과거보다 부모의 관심과 사랑표현은 커졌지만 아이들은 과거의 아이들이 느끼는 정도나 그 이하로 부모의 관심과 사랑을 느낀다는 말이다. 이러한 상황에서 인터넷이라는 매체의 등장으로 사람들의 관심을 모을 수 있는 기회가 생겼고, 인터넷세대인 청소년들이 이 기회를 적극 활용하여 다른 사람의 관심을 모으고자 노력한 결과가 오늘날 젊은이들에게 나타나는 노출 경쟁이 아닌가 한다.

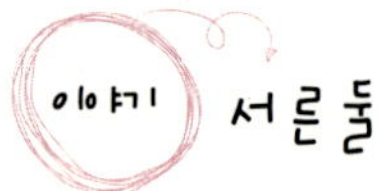

컴퓨터게임만이
나의 살 길

공부를 잘하는 청소년들은 공부를 통해 성취욕을 만족시킬 수 있지만 그렇지 않은 대부분의 청소년들은 다른 방법이 아니면 인간 본연의 욕구인 성취욕을 만족시킬 수 없다. 어디에서든 보상을 받아야 하는데 그 적절한 대상이 바로 컴퓨터게임인 것이다.

요즘 자녀를 키우는 부모라면 컴퓨터게임에 대해 부정적인 생각을 많이 할 것이다. 자녀가 컴퓨터게임을 하느라 공부도 하지 않고 말도 잘 듣지 않으니 컴퓨터게임과의 전쟁이라도 벌여야 할 판이다. 나는 컴퓨터게임을 하지 않지만 컴퓨터게임은 대단한 매력이 있는가 보다. 그러니 청소년들로 하여금 수업시간에 아무 생각도 하지 못하게 하고 PC방에 갈 생각만 하도록 하는 게 아닐까? 어떤 부모는 용돈을 주지 않음으로써 PC방 출입을 전면 차단하려 하지만 그것으로는 문제가 해결되지 않는다. 아이들은 부모보다 더 고수이기 때문이다. 그런 경우, 자녀는 교통비로 받은 티머니를 사용해서 게임을 할 것이다. 일부 PC방에서는 돈 대신 티머니도 받기 때문이다. 부모들은 한참이 지나서야 이 사실을 알게 된다.

한 대학원생은 자기가 청소년 시절에 컴퓨터게임에 빠져 있었는데 이를 보다 못한 어머니가 마우스를 없애 버렸단다. 그래서 단축키를 외워 게임을 했더니 이번에는 키보드를 없애 버리셨단다. 그래도 포기하지 않고 자신은 화면에서 키보드를 불러와 게임을 했다고 한다. 사실 나는 이 마지막 말이 무슨 소리인지 잘 모르겠지만 뭐 이런 방법이 있다고 한다.

온라인 게임에서는 자신만의 캐릭터를 가꿀 수 있다. 청소년들은 이 캐릭터를 꾸미는 데 많은 시간을 투자한다. 시간이 부족하기 때문에 혼자서 하지 못하면 여러 명이 공동으로 한 캐릭터를 키우기도 한다. 예를 들어, A가 오후 3시부터 6시까지 하고, B는 6시부터 9시까지, C는 9시부터 12시까지, D는 12시부터 3시까지 하는 방식이다. 그렇게 되면 각자는 하루에 3시간만 게임을 해도 그 캐릭터를 12시간 동안 키울 수 있게 되는 것이다. 어떤 아버지는 자녀가 시원찮은 캐릭터를 가지는 것이 싫어서 자기가 밤새 캐릭터를 키워 자녀에게 주기도 한다는 말도 들었다. 참 대단한 부정(父情)이다.

최근의 통계청 조사에 따르면, 우리나라 청소년의 주당 평균 컴퓨터 이용 시간은 하루 평균 2시간을 넘는다고 한다.[1] 이것이 평균이라는 점을 감안하면 일부 청소년들이 하루 2시간 이상 컴퓨터를 이용한다는 것을 의미한다. 청소년들이 컴퓨터를 이용하는 이유가 대부분 게임 등 오락이라는 점을 감안하면 우리나라 청소년들이 하루 2시간 이상씩 컴퓨터게임을 한다고 생각해도 무리는 아니다.

한편, 얼마 전 신문에 난 빌 게이츠의 기사는 약간 놀라웠다. 빌 게이츠는 자신의 10살 난 큰딸도 컴퓨터게임(비바 피나타)에 빠져 하루 2~3시간 게임을 해서 애를 먹는다고 고백했다.[2] 이 말을 듣고 두 가지 생각이 들었다. 마이크로소프트사의 회장이라면 자녀가 컴퓨터에 빠져 있는 것을 자연스럽게 생각할 줄 알았는데 그것이 고민거리라는 점과 하루 2~3시간 정도 컴퓨터게임을 하는 것은 우리나라에서 매우 흔한 일인데 이 정도가 부모에게 고민거리가 된다는 점이다.

청소년들에게 컴퓨터게임이 어느 정도 생활화되어 있는지를 보여 주는 일화가 있다. 영웅본색, 첩혈쌍웅 등으로 유명한 오우삼 감독이 얼마 전 『적벽대전』을 영화화한다는 발표가 있었다. 주인공으로는 양조위, 장첸, 금성무 등이 캐스팅됐다고 하는데 이들은 인터뷰에서 각기 다른 세대임을 보여 주었다. 양조위보다 한 세대 아래인 금성무는 적벽대전이 등장하는 삼국지를 책이 아니라 게임으로 먼저 접해 보았다고 한다. 금성무보다 한 술 더 떠서 장첸은 어렸을 때 삼국지가 오락인 줄 알았다고 한다.[3] 삼국지의 본고장에서 이런 일이 벌어지고 있

---

1 조선일보(2008. 5. 8), 청소년 매일 1.8명 꼴로 자살한다
2 조선일보(2007. 2. 21), 빌게이츠, 자녀들에 "컴퓨터게임 하루 1시간" 제한 …… 큰 딸 '비바 파나타' 몰두
3 조선일보(2007. 5. 11), "역사가 아닌 감정을 찍고 싶다"

으니 우리나라라고 크게 다르지는 않을 것이다.

　　게임에는 긍정적인 효과와 부정적인 효과가 공존한다. 우선 긍정적인 효과로는 재미 또는 즐거움, 성취, 보상 등이 있다. 게임을 하면 재미있다. 즐겁다. 이것은 게임을 하는 이들의 공통적인 의견이다. 게임에 빠져서 시간이 어떻게 흘러갔는지 모를 정도로 게임은 하는 이들로 하여금 재미를 느끼게 해 준다. 또한 요즘의 게임은 과거의 게임과 달리 어렵다. 한두 시간 해서는 배우기도 어렵고 즐기기도 쉽지 않다. 그 대신 시간을 투자해서 잘 배우면 게임을 정복하는 성취감이 기다리고 있다. 한 단계 한 단계 올라가는 재미가 있고, 그러한 레벨 업을 통한 성취감을 경험할 수 있다. 혹자는 이러한 성취감 때문에 게임중독에 빠진다고도 한다. 게임을 잘하면 보상도 많다. 예전에 학교에서 인기가 있는 친구는 공부를 잘하는 친구였지만 요즘에는 게임을 잘하는 친구라고 한다. 게임을 잘하면 다양한 아이템을 소유할 수도 있고 이것은 주위의 부러움을 사게 한다. 어느 부모는 자녀가 매일 컴퓨터게임만 하는 것 같아 못하게 하려 했더니 자녀가 컴퓨터게임 하는 것을 보여 주며 여기에 있는 아이들이 다 같은 반 친구라면서 게임을 하지 않으면 친구가 되기도 어렵다고 하여 말리지 못했다고 한다.

　　그러나 컴퓨터게임에는 부정적인 측면도 있다. 오히려 긍정적인 측면보다 여기에 더 주의를 기울여야 할지도 모른다. 청소년들이 게임에 몰두하면서 벌어지는 부정적인 일들은 일일이 열거할 수 없을 정도로 많다. 청소년의 신체적인 면에 해를 끼치는 일부터 심리적 혹은 정신적인 면에 미치는 폐해까지 생각하면 당장이라도 컴퓨터게임을 그만두게 하고 싶다. 그러나 그렇게 할 수는 없다. 지금의 청소년에게 컴퓨터 사용은 필수적인 것이기 때문이다. 컴퓨터만 사용하게 하고 게임은 하지 못하게 한다는 것은 불가능하다. 그렇다면 해결책은 컴퓨터를 잘 활용하도록 하는 것이다. 청소년들이 컴퓨터게임을 하는 이유는 다양하므로 그 이유들을 곰곰이 살펴볼 필요가 있다. 아마 거기에서 해답을 찾을 수 있을 것이다. 청소년들이 게임을 하는 이유는 게임의 긍정적인 측면 때문이다. 무엇인가 성취하고 싶은데 성취할 만한 것이 없다. 성취의 대상이 되는 것은 공부뿐이다. 공부를 잘하는 청소년들은 공부를 통해 성취욕을 만족시킬 수 있지만 그렇지 않은 대부분의 청소년들은 다른 방법이 아니면 인간 본연의 욕구인 성취욕을 만족시킬 수 없다. 어디에서든 보상을 받아야 하는데 그 적절한 대상이 바로 컴퓨터게임인 것이다. 컴퓨터게임을 하는 동안에는 자신이 공부를 잘하는 학생인지 아닌지에 대해 고민할 필요가 없다. 오직 컴퓨터게임 실력으로만 인정받는다. 컴퓨터게임은 공부와 달라 자신이 시간을 투자한 만큼 효과가 나타날 확률이 훨씬 높다. 그러므로 열심히 컴퓨터게임에 매달릴 수밖에 없다. 컴퓨터게임을 통해서 자신을 표현할 수 있고 인정받을 수 있으니까 말이다. 공부를 잘하면 공부에 재미가 붙는 것처럼 컴퓨터게임을 잘하면 컴퓨터게임이 매우 재미있을 것이다.

되짚어 생각하면 아이들이 컴퓨터게임에 빠지는 데에는 많은 이유가 있을 것이다. 그중 특히 컴퓨터게임 자체가 가진 장점 때문에 컴퓨터게임을 하는 것에 대해서는 부모나 다른 사람이 어찌할 수 없는 부분이 확실히 있는 것이 사실이다. 그러나 아무리 컴퓨터게임이 재미있다 하더라도 이 세상에는 그보다 더 중요한 것이 있다. 사람들과의 따뜻한 관계가 그것이다. 사람들의 관심과 인정이 그것이다. 사람들 사이의 사랑이 바로 그것이다. 사람들 사이의 사랑만 있다면 아무리 재미있는 컴퓨터게임이 있다고 해도 그것을 즐길 뿐 그것에 빠지지는 않을 것이다. 컴퓨터게임만이 자신의 살 길이라고 여기지는 않을 것이다.

아무리 컴퓨터게임이 재미있다 하더라도 이 세상에는 그보다 더 중요한 것이 있다. 사람들과의 따뜻한 관계가 그것이다. 사람들의 관심과 인정이 그것이다. 사람들 사이의 사랑이 바로 그것이다. 사람들 사이의 사랑만 있다면 아무리 재미있는 컴퓨터게임이 있다고 해도 그것을 즐길 뿐 그것에 빠지지는 않을 것이다. 컴퓨터게임만이 자신의 살 길이라고 여기지는 않을 것이다.

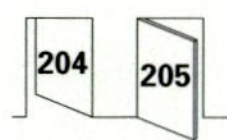

나는 공주! 엄마는 무수리?

청소년기는 부모를 무시하는 시기이다. 어렸을 때는 전지전능한 것처럼 보였던 부모가 한낱 초라한 인간에 불과하다는 사실을 깨닫는 시기이다. 조금만 느긋하게 기다리자. 기다리면 우리의 현명한 아이들은 본래의 모습으로 돌아올 것이다. 자신을 위해 부모가 얼마나 고생을 하는지 알아줄 것이다.

　요즘 청소년 자녀를 둔 대부분의 부모들은 왠지 쓸쓸함을 느낄 것 같다. 쓸쓸하다는 것이 정확한 표현인지는 모르겠지만 뭔가 허전하기도 하고 아쉽기도 하고 뒷맛이 개운치 않은 것이 영 기분을 가라앉게 한다. 자신이 늙어 간다는 자각만으로도 충분히 심란한 중년에게 문득문득 자녀는 쓸쓸함을 느끼게 해 준다. 내가 보기에는 여기에 두 가지 이유가 있는 것 같다. 하나는 자녀에 대한 부모의 희생이고, 다른 하나는 사춘기의 특성으로 자녀에게 나타나는 부모에 대한 태도이다.

　우선 전자와 관련해서 생각해 보자. 대한민국 부모의 자녀에 대한 교육열은 세계 최고 수준이다. 모든 것이 자녀의 교육과 관련되어 이루어진다. 맹모삼천지교는 너무나 당연하다. 자녀가 공부에 전념할 수만 있다면 가정생활은 조금 엇박자가 나도 별 상관이 없다. 내겐 연년생인 자녀를 둔 친구가 있는데 그 친구는 아이들이 고3이었던 2년 동안 공부에 방해가 될까 봐 잠자리도 같이하지 않았다고 한다.

　한편 기러기 아빠라는 말이 이제는 일상용어가 되었다. 재력이 있는 독수리 아빠라든가 가족이 보고 싶어도 보러 갈 수 없는 펭귄 아빠의 이야기가 우스갯소리를 넘어 실제 우리 주변에서 쉽게 볼 수 있는 현상이 되어 가고 있다. 자녀가 유학을 가게 되면 짧게는 1년 정도에서 길게는 10년 정도까지 가족과 헤어져 있어야 한다. 10년 이상이면 자녀는 부모로부터 독립할 시기이다. 뿐만 아니라 오랫동안 해외에서 공부한 자녀는 한국으로 돌아올 확률도 적고 한국 사람이라기보다 외국 사람에 가까워져 우리 정서로 볼 때는 남과 비슷할 것이라는 이야기도 심심찮게 들을 수 있다. 그럼에도 불구하고 우리 부모들은 자녀를 외국으로 보내는 데 주저함이 없다. 단 하나의 이유는 자녀가 보다 좋은 환경에서 공부하고 잘되기를 바라는 마음에서이다. 다른 이유는 없다. 게다가 부모의 경제력과 상관없이 보내는 것이 지금의 현실이다. 그것은 부모가 많은 것을 희생한다는 뜻이다.

후자의 경우, 청소년기는 이 시기의 특성상 부모의 권위가 도전받는 시기이다. 모든 청소년이 그런 것은 아니지만 많은 청소년은 부모를 무시하는 경향이 있다. 이것은 청소년의 인지발달로 인해서 나타나는 현상 중 하나인 청소년기의 자아중심성과 관련이 있다. 청소년기의 자아중심성에는 상상 속 청중과 개인적 우화가 있다. 상상 속 청중은 자기 마음대로 상상 속에서 청중을 만들어 놓고 그 청중들이 자기에게 관심을 보인다고 생각하는 것이고, 개인적 우화는 자신이 매우 특별한 존재라고 생각하는 것이다. 자신이 생각하고 느끼는 것은 아무도 경험하지 못한 것이므로 누구도 자신을 이해할 수 없을 것이라 생각한다. 그러므로 쉽게 '엄마가 뭘 알아? 라는 말이 입 밖에 나온다. 자신은 왕자나 공주이고 부모는 무수리쯤으로 생각한다고 보면 이해가 쉬울 것이다.

딸아이가 코스프레 사진을 보고 있기에 나름대로 살갑게 한다고 코스프레 사진을 파일로 만들어 달라고 했다. 딸아이가 무엇에 쓸 거냐고 물어서 청소년의 코스프레에 대해 글을 써 보려고 한다고 했더니 대뜸 엄마는 코스프레에 대해 잘 알지도 못하면서 무슨 글을 쓰냐고 반박을 했다. 공부해서 쓴다고 하면서 모르면 네가 가르쳐 주면 되지 않겠냐고 했더니 자신은 이 분야에 대해 잘 모른다고 했다. 나는 딸아이가 너무 쌀쌀맞게 말을 해서 기분이 상했다. 나중에 딸아이는 미안하다면서 어른들이 요즘 청소년에 대해 잘 알지도 못하면서 이러쿵저러쿵 하는 것이 싫어 그랬다고 했다. 네가 보기에 엄마가 그럴 사람인 것처럼 보이냐고 했더니 딸아이는 그냥 혹시 몰라서 확인하는 것이라고 했다. 이 말을 들은 나는 순간 참담함을 느꼈다. 딸이 엄마에 대해 그 정도의 신뢰감도 없나 하는 생각이 들었고, 만에 하나 엄마가 잘못을 한다 해도 자식인 딸은 엄마를 위로해 주거나 지지해 주는 것이 당연하다고 생각했던 것이다.

이 경우 딸은 엄마에게 가장 효과적으로 상처를 준 것이다. 상처는 가까운 사람으로부터 받을 때 그 충격이 가장 크다. 자신과 관련이 적은 사람은 상처를 주지 못한다. 한 사회심리학 연구에 의하면, 자신의 새 옷에 대해서 지나가던 사람이 흉보는 것은 기분만 조금 나쁠 뿐 아무렇지도 않지만, 남편이 똑같은 소리를 하면 그것은 큰 상처가 된다고 한다. 결국 사람은 자신과 가까운 사람에게 상처를 주고 또 받는다는 것이다.

정도의 차이는 있지만 적어도 요즘에는 자녀로부터 무시받는다는 느낌을 경험하지 않은 부모가 많지 않다고 생각한다. 나는 어렸을 때 안 그랬는데 요즘 애들은 정말 버릇이 없다고 생각하고 있다. 정말 속이 상한다. 도대체 커서 무엇이 되려고 그러는지, 요즘 자식에게 맞는 부모도 많다는데 나도 그렇게 되는 것은 아닌지 걱정이 꼬리를 문다. 그러나 걱정할 필요는 없다. 적어도 이 책을 읽는 부모는 그럴 것이다. 이 책을 읽는 부모는 자녀교육에 관심이 있는 사람들이기 때문이다. 어느 정도는 무관심하자. 아이의 말에 100% 반응하지 말자. 당신도 감정이 격하면 아무 말이나 하지 않는가. 그때 당신이 한 말은 진정이거나 그것이 꼭 무언가를 의미하지는 않는 경우가 대부분이다.

당신과 자녀는 다르다. 감정을 조절하는 능력도 다르고 말의 의미를 파악할 수 있는 이해력도 다르고 다른 사람을 배려하는 능력도 다르다. 그렇다면 부모가 자녀를 이해해 주는 것이 당연하다. 물론 자녀의 눈높이에 맞추는 것은 좋다. 하지만 자녀와 똑같은 수준에서 말하고 행동하지는 말아야 한다. 어차피 내가 부모니까, 내리사랑이니까 더 사랑하는 사람이 참고 이해할 수밖에 없지 않은가. 청소년기는 부모를 무시하는 시기이다. 어렸을 때는 전지전능한 것처럼 보였던 부모가 한낱 초라한 인간에 불과하다는 사실을 깨닫는 시기이다. 조금만 느긋하게 기다리자. 기다리면 우리의 현명한 아이들은 본래의 모습으로 돌아올 것이다. 자신을 위해 부모가 얼마나 고생을 하는지 알아줄 것이다.

코스프레건으로 참담함을 느꼈지만, 사춘기가 어느 정도 지나자 딸이 달라졌다. 내가 딸에게 다가가려는 노력을 하면 딸이 알아주고 자신도 다가왔다. 내가 만화를 좋아하는 딸과 가까워지기 위해 만화에 관심을 가지고 딸에게 말을 걸면 아이도 면박을 주지 않고 자연스럽게 대화가 이어졌다. 예를 들어, 내가 『신의 물방울』이라는 만화가 재미있느냐고 물으면, 아이는 자기는 보지 않았지만 괜찮다는 이야기를 들었다고 답하고, 엄마가 그런 쪽에 관심이 있으면 『노다메 칸타빌레』도 좋아할 것 같다고 다른 만화를 추천해 주기도 했다.

그러니 지금 자녀 때문에 화가 나면 자신의 일상에서 일탈을 해 보자. 예를 들어, 가출해서 평소에 하지 않았던 일들을 해 보자. 사교육비 때문에 망설였던 일들, 특히 나를 위한 투자를 하자. 매니큐어와 패티큐어도 하고 스포츠마사지도 받고 평소에 갖고 싶었지만 비싸서 미루었던 화장품도 사자. 나를 위해 돈을 써 보자. 자녀한테 받았던 스트레스를 풀어 보자. 이렇게 하여 평정을 되찾으면 오히려 자녀와의 관계가 원만해질 수 있을 것이다.

＋　　　부모가 자녀를 이해해 주는 것이 당연하다.
물론 자녀의 눈높이에 맞추는 것은 좋다. 하지만 자
녀와 똑같은 수준에서 말하고 행동하지는 말아야 한
다. 어차피 내가 부모니까, 내리사랑이니까 더 사랑
하는 사람이 참고 이해할 수밖에 없지 않은가.

○ **지은이 조아미**

- 이화여자대학교 초등교육 학사
- University of Southern California 교육심리 석·박사
- 명지대학교 청소년지도학과 교수
- 일본 동북대학교 강의 교수
- 펜실베이니아 주립대학교 교환교수
- 저서 『청소년 심리학』, 『청소년 문제행동』 등

I3I8 청소년심리

2008년 7월 15일 1판 1쇄 발행
2013년 10월 25일 1판 5쇄 발행

지은이 | 조아미
펴낸이 | 김진환
펴낸곳 | (주) **학지사** · INNER BOOKS 이너북스
　　　　121-837 서울시 마포구 서교동 352-29 마인드월드빌딩 5층
　　　　대표전화_ 02-330-5114   팩스_ 02-324-2345
등 록 | 제313-2006-000238호
홈페이지 | www.innerbooks.co.kr

ISBN 978-89-92654-05-0 03180

가격 11,000원

마음을 치유하는 책 이 * 너 * 북 * 스

마시멜로 이야기에 열광하는 불행한 영혼들을 위하여

박성희 저 | 192면 | 9,000원 | 이너북스

마시멜로 이야기에 가려진 행복 찾기

제목이 사뭇 도전적이다. 백만 부 이상 팔릴 정도로 많이 읽혔으며, 연이어 출간된 두 번째 이야기 또한 베스트셀러가 된 책 『마시멜로 이야기』를 "잘못된 경영 지침서이며, 왜곡된 성공 신화를 전파하고 있다."며 정면으로 비판하고 나선 책이 나왔다. '마시멜로 이야기에 열광하는 불행한 영혼' 이라니 그러면 백만 명의 독자들은 불행한 사람들이란 말일까? 상담지식의 대중화를 위해 노력하는 저자 박성희 교수는 이 책이 많은 사람에게 읽혔다는 사실과, 그 내용이 우리에게 너무나 익숙하고도 잘못된 이데올로기를 그대로 주입하고 있다는 사실에 주목하였다. 그 책을 읽으면서 아무런 거리낌 없이 '공감한다' 는 사실 자체가 심각한 문제라는 것이다.

하코미 심리치료와 노자 도덕경

Johanson 외 공저 | 김천기 역 | 200면 | 13,000원 | 이너북스

하코미 심리치료를 국내에 최초로 선보인 책

하코미 심리치료의 원리와 방법은 상당 부분 불교의 명상과 노자의 도덕경에서 우러나온 것으로 한국 문화와 정서에 잘 어울리고, 한국 사람이 쉽게 이해하고 활용해 볼 수 있다. 하코미의 목적은 자기 인식과 불필요한 고통에서 자유를 얻는 것이다. 하코미 심리치료는 명상 상태에서 상담자에게 최소한의 도움만 받으면서 스스로 하는 공부로서, 전통적인 심리치료와는 매우 다르다.

분노의 기술

Matthew McKay 외 공저 | 정동섭 역 | 464면 | 15,000원

내면의 폭풍 잠재우기

분노는 결코 피할 수 없는 본능적인 감정인가, 혹은 타인 때문에 분노가 일어나는 것인가? 이 책은 그렇지 않다고 말한다. 분노는 선천적으로 타고난 본성이 아니라 후천적으로 학습한 행동양식일 뿐이므로 화내지 않고 다른 방법으로 대처할 수도 있다. 또한 타인은 스스로를 위해 행동할 뿐, 당신을 화나게 하는 것은 그들의 의도가 아닐 때가 대부분이다. 자신은 물론 주위 사람까지 상처 입히는 분노를 극복하는 방법을 사례를 들어 가며 설명하였다.

아이와 함께 나누는 죽음에 관한 이야기

Earl A. Grollman 저 | 정경숙 외 공역 | 144면 | 12,000원 | 이너북스

아이들에게 죽음을 설명하는 법

이 책은 아이와 죽음에 관해 솔직하고 정직하게 대화할 수 있는 방법을 가르치고 있다. 그리고 잔잔하고 따뜻한 대화를 통해 더 깊게 아이의 마음속에 다가가는 길을 안내한다. 특히, 주변의 가까운 사람이나 아끼던 동물의 죽음을 겪고 슬퍼하는 아이에게 죽음을 자연스럽게 설명함으로써 깊은 슬픔이나 비탄에서 벗어날 수 있도록 해 준다.

싱글아빠로 살아가기

Chuck Gregg 저 | 정 은 역 | 320면 | 13,000원 | 이너북스

세상의 모든 싱글아빠와 자녀들을 위한 책

싱글아빠를 향한 차가운 시선은 부부가 함께 가족을 부양할 때 기대할 수 있는 즐거움과는 전혀 다른 경험이다. 이 책은 '어느 날 갑자기' 어린 세 자녀를 떠안게 되면서 싱글아빠가 되어 버린 그레그 박사가 아이들을 올곧게 성장시키기까지의 과정을 소개하는 '싱글아빠 체험기' 다. 심리학자답게 빈틈없이 목차를 짜고 자신의 체험 사례와 함께 서술하여, 때로는 눈물겹게 때로는 감동적으로 이해를 돕는다.

황희처럼 듣고 서희처럼 말하라

박성희 저 | 224면 | 8,500원 | 이너북스

온고지신으로 배우는 행복한 삶의 지혜

황희, 황진이, 온달, 이항복…. 재미있는 우리 역사 이야기를 통해 유연한 사고, 공감적 대화, 우정, 연애, 진로 등의 주제로 이야기를 풀어놓았다. 성공신화와 교육신화를 잠시 비껴두고 함께 읽으며 자녀와 이야기 나눌 수 있는 화두를 던져 준다. 삶을 이끌어갈 중요한 가치와 태도에 대해 자녀를 일깨우고 싶은 부모를 위한 책이다.

허클베리 핀 길들이기

David Nylund 저 | 김민화 역 | 328면 | 12,000원 | 이너북스

ADD/ADHD로 진단된 아동을 위한 이야기치료 접근법

심각한 행동 문제와 제한된 자원에 끊임없이 맞서고 있는 많은 부모와 교사 그리고 치료사가 ADHD는 의학적 치료가 필요한 생물학적 장애라는 생각에 열광적으로 반응하는 것은 이해할 만한 일이다. ADHD 진단과 리탈린 처방은 딜레마를 극복할 수 있는 빠르고 쉬운 답으로 급부상하고 있다. 이 책에서는 쾌활하고, 모험심이 넘치고, 침착하지 못하고, 반항적인 아이들을 '약 없이' 치료하는 새로운 전략을 제시한다.

애들아! 천천히 행동하고 주의집중하는 것을 배워 보자

ADHD 극복하기

Kathleen Nadeau 외 공저 | 양명희 외 공역 | 154면 | 12,000원

어린이의 관점에서 ADHD를 다룬 특별한 책

ADHD(주의력결핍과잉행동장애)를 지닌 아동의 부모는 ADHD에 대하여 아동에게 어떻게 말해야 하나?' 라는 의문을 가지고 있다. 이 책은 아동 자신에게 어려움을 주는 문제에 대해 더 많이 다루었으며, 주의집중과 과잉행동의 어려움을 가진 아동이 스스로를 이해하고 스스로 집중과 자기조절을 배워 나갈 수 있도록 아동 중심에서 쓰였다.